Research on Action Mechanism of Interest Group in Financial Institution Reform

金融制度改革中利益集团作用机制研究（第二版）

徐加根 著

西南财经大学出版社
Southwestern University of Finance & Economics Press

图书在版编目(CIP)数据

金融制度改革中利益集团作用机制研究/徐加根著.—2版.—成都:西南财经大学出版社,2015.3(2025.4重印)
ISBN 978-7-5504-1703-8

Ⅰ.①金… Ⅱ.①徐… Ⅲ.①利益集团—作用—金融改革—研究—中国
Ⅳ.①F832.1

中国版本图书馆CIP数据核字(2014)第287543号

金融制度改革中利益集团作用机制研究(第二版)
徐加根 著

责任编辑:刘佳庆
封面设计:杨红鹰 张姗姗
责任印制:封俊川

出版发行	西南财经大学出版社(四川省成都市光华村街55号)
网　　址	http://www.bookcj.com
电子邮件	bookcj@foxmail.com
邮政编码	610074
电　　话	028-87353785　87352368
照　　排	四川胜翔数码印务设计有限公司
印　　刷	北京业和印务有限公司
成品尺寸	170mm×240mm
印　　张	11.25
字　　数	200千字
版　　次	2015年3月第2版
印　　次	2025年4月第3次印刷
印　　数	1—3000册
书　　号	ISBN 978-7-5504-1703-8
定　　价	34.00元

经济研究要关注利益集团（代序）

经济研究的任务之一是理性地认识社会经济现象。经济在发展，时代在进步，理性认识要不断前进。当代，经济（金融）研究要关注利益集团。

一般说来，利益集团是具有共同的利益或利益倾向比较一致的群体。概括来说，它有三个主要特征：①有共同的利益。②有一定的组织形态，组织形态有显性的，有隐性的；有集中的，有松散的；有法定的，有非法定的；有契约型的，有非契约型的。③有一致的行动，其中有显性的集体行动，也有隐性的集体行动。总之，利益集团有共同的利益倾向、共同的意识形态、共同的政策诉求。

2008年“两会”，全国政协委员张茵代表强势群体，为自己群体的利益说话，提出了三个提案：一个是劳动密集型企业应取消无固定期限劳动合同；二是降低富人税负，把月薪10万元以上的最高累进税率从45%减至30%；三是鼓励企业进口先进高效的节能环保设备，给予5年至7年的免征进口关税和增值税的过渡期限。而在人民代表大会上，三个农民工则代表弱势群体，也为自己的群体利益说话。可见利益集团的存在，其代表已经进入我国权力机构中。

在经济研究中，理论的分析有：根本利益，长远利益，一致利益。实际上大家更注重具体利益、近期利益、不同的利益。集团利益侧重于后者，所以经济研究需要关注利益集团，我们的学术研究思维需要转换。

经济研究需要给出制度安排、设定行为假说和做出价值判断。制度安排，包括所处的经济环境、制定的游戏规则；行为假说主要是指行为主体的追求，一般设定为经济人假说；价值判断是对行为结果做出的评价，通常在效率、准效率和无效率上做文章。经济研究为什么要关注利益集团？按照经济研究的一般模式，有以下几个原因：

(1) 在当代，在需要完善社会主义市场经济制度的我国，研究经济问题必须正视利益集团的存在和影响。对于利益集团群体的出现，最初有的人如被称为“第一个最重要的美国理论家”詹姆斯·麦迪逊，曾经在《联邦党人文集》第十篇《旨在抑制派别之争的联邦的规模和类型》中指出：“部分公民，无论在整体中属于多数还是少数，在共同的欲望或利益的推动下联合行动，却与其他公民的权利或这个社会的长远和整体利益背道而驰”。这就是说，在他看来群体利益是建立在损害公民利益的基础上的。随着时间的推移，对利益群体的看法逐步理性化，人们达成了一种共识：利益群体的出现是生产力发展、财富增长和人们持有资产普遍增长的结果；利益群体的存在是社会利益分化的结果，是在市场经济制度下形成的，它表明社会利益的多元性；在统制经济制度下，经济发展集中，收入分配统一，利益分配平均，全民就是一个利益群体；利益群体的出现、存在和博弈对政府治理智慧提出挑战，考验着一个国家的政府是否真正地维护绝大多数人的利益。

(2) 经济研究离不开经济人假说，利益集团是合力经济人。经济人假说表明人有追求。有追求是好事。如果一个人没有追求，对什么都抱无所谓的态度，则人生就没有意义了，社会就不能进步了。在经济研究中，一般都假定经济人是自利的，它源于亚当·斯密的《国民财富的性质和原因的研究》。在一些经济学的文献中，把亚当·斯密的经济人假说，描述为“自私”即贬低企业家对利益的追求的意义。其实亚当·斯密本意并非如此。他在《道德情操论》中褒扬企业家的“利己”，鞭挞富人的“自私”：“利己”是“自爱”，不是“自私”，“自私”是贪婪。随时代的变迁，实践的丰富和发展，出现了“理性经济人假说”和“有限经济人假说”，它表明人们在经济活动中追求的变化。现在的问题是利益集团叫不叫做“经济人”？经济人能够是自然人，也能够是法人，利益集团是众多有共同利益倾向的自然人和法人，是经济人的合力或合力经济人。在经济研究中，考察这一行为主体的追求，是顺理成章的。

在存在着利益集团的条件下，行为主体的追求，就避免不了利益集团之间的博弈。这种博弈在我国也有，典型的表现是：房地产价格上涨与控制房地产价格上涨。概括地说，影响房地产价格上涨的因素有：土地出卖者、房地产开发商、房地产购买者及中介机构。在我国，土地出卖者是地方政府，土地的购买者是房地产开发商，房地产开发商一般以银行贷款购买地方政府土地，而房地产购买者或者是居民，或者是储蓄投资者。在这样的市场行为主体中，一般说来，地方政府、银行和房地产开发商都不希望房地产价格下跌，因为下跌会使他们的利益减少、削弱甚至丧失，而居民购买者是希望房地产价格下跌的，因为只有下跌他们才买得起。中央政府为了“居者有其屋”，一再强调控制房地产价格上涨。于是，在我国特定的时期就发生了以地方政府和房地产开发商为主的一方，与以中央政府和广大居民为主的另一方的博弈。这实际上是利益集团之间的博弈。这种状况表明：在特定条件下，资源的配置，政府也需要介入市场，成为市场中的利益主体；同时表明：政府的行为是维护多数人的利益，还是少数人的利益，关系着社会是否稳定发展。

（3）经济研究关注利益集团，自然要对利益集团的行为结果做出判断。对行为的结果做出判断，也就是要判断它是有效率的或弱效率的或无效率的。衡量有没有效率、效率大小应有一个标准。这个标准通常以帕累托最优或帕累托改进为尺度。帕累托最优要表明的是“如果不减少一些产品的产量就不能增加另一些产品的产量”的含义，因为在这种条件下，资源配置的边际替代率相等，能实现效率的最大化。但是，这样的尺度未免太理想化了。所以，在经济学研究中考察效率时退而求其次——“帕累托改进”。帕累托改进要表明的是“在资源配置中，在增加某些人的福利的同时，不减少另一些人的福利”的含义，它意味着经济社会中所有人的福利都有或多或少的增进。现在的问题是：用这样的尺度衡量利益集团在资源配置中的效率合不合适？我认为是合适的，因为利益集团也是经济社会的成员，他们的行为关系着全体经济社会成员的利益。

从效率来源于制衡、借助于规制的角度说，在经济研究中考察利益集团的效率，要注重平衡强势群体与弱势群体的利益；要注重由政府去维护绝大多数人的利益（如增加公共品供给的范围和力度）；要安排利益博弈的合法平台，使博弈合法化。规制简单地说就是规范制约。在对利益集团的行为结果作出价值判断时，离不开规范和制约。这既是市场机制的作用，也是市场与政府共同的机制作用。

结合实际讨论，必须看到：中央政府在特定的时期有利益倾向，如股份制改革为国有企业解困；地方政府基于所在的领域有利益倾向，如经济的发展为地区谋利等。一般说来，政府应代表社会公众利益。但一些政府在一些时候，并不完全代表社会公众利益（如山西一些地区把煤矿资源几乎都卖了，代表谁的利益)。

在金融改革中，企业的股份制改造和国有商业银行的股份制改革，都会受到利益集团的影响。前者表现在股票发行上市与股权分置中。在1999年以前，股票发行上市实行审批制，一个地区、一个行业、一个部门能有几家公司上市要分指标，发行额度有多少要审批，这是为了维护地方、部门利益。为什么要股权分置，即让一部分股票流通，一部分股票不流通，同股不同权？当时的理论是防止国有资产流失。事实上，非流通股随流通股增值，照样分红，不仅资产未流失反而是坐享其成。在后来解决股权分置中，非流通股为什么要向流通股补偿，就是因为非流通股侵占了流通股利益。后者表现在引进战略投资者和国家控股中。在国有银行股改中，为什么确定引进外资的股份不超过20%？为什么汇金公司控股不得低于51%？为了控股。控股就是为了利益。

曾康霖

摘　要

本书从利益集团作用的视角来研究中国金融制度的改革。利益集团是指在一个社会中或某个具体变革过程中那些具有共同利益或利益倾向比较一致的人们组织起来以各种集体行动的方式来影响其他组织或公共部门决策的联合体。利益集团内涵可以抽象为三个要素：共同利益、组织化、集体行动。成员的共同利益是利益集团存在的前提；组织化是利益集团形成和存在的保障；集体行动是利益集团的作用机制。利益集团的组织化程度有高低之分，它既可以呈现为显性的组织形态，也可以隐性的组织形态出现。我们可以把利益集团组织化程度分为四个等级：法定正式组织；未经法定程序的契约型组织；没有固定的组织结构和名称的非正式组织；故意隐形的组织，主要是非法的犯罪组织或有意隐瞒自己利益倾向的组织。集体行动也有多种表现形式，或者是显性的集体行动，或者是默认的集体行动，还可以是内部协商一致之后的利益集团代表或代言人行动。

从利益集团的视角分析金融领域的问题，属于金融政治经济学的分析方法。金融政治经济学是跨越金融学、政治经济学、法学等多个领域的交叉性金融学科。该理论超越了主流金融学的理论框架，将法律、政府、利益集团等因素纳入金融分析之中，为金融学的研究提供了一个全新的视角。利益集团是金融政治经济学的最重要的分析视角之一，它取代单一个体成为金融决策或制度改革研究中的重要分析单位。

本书内容主要包括三个部分，除导论外，第一部分是利益集团的理论综述和利益集团作用机制分析的理论基础，包括第二章和第三章；第二部分是金融制度改革中利益集团作用机制的理论分析部分，包括第四章和第五章；第三部分是对利益集团作用的价值分析及对策建议部分，即第六章。

第一章是“导论”，主要介绍了本书选题的现实背景和理论背景；说明了本书采用的研究方法，包括个人主义方法论以及学科交叉分析、数理逻辑实证和规范分析等三种分析方法；阐述了本书写作的总体思路和主要观点；总结了本书创新之处、不足之处和可以进一步研究的方向。

第二章是“利益集团理论综述”，包括三节内容。第一节从利益的概念出发，分析了利益关系变动导致利益集团形成的过程，即从利益分化、利益冲突、利益聚合，直至利益群体出现和利益集团形成的过程。第二节从国内研究和国外研究两个方面分析了利益集团概念的丰富内涵，在外延上从各个角度将利益集团进行分类，反映了利益集团多样化的形态。第三节从政治学和经济学两个角度梳理了利益集团的有关理论，特别是经济学关于利益集团的理论对后续分析有很强的理论支撑作用，最后对中国学者关于利益集团的认识进行了综述。

第三章是“中国利益集团作用机制与金融制度改革”。本章实际上是为分析中国金融制度改革中利益集团作用机制奠定理论基础，确立金融政治经济学的分析框架。本章包括三节内容，第一节分析了中国改革进程中社会结构的演变，即从国家、中间阶层和民众三层社会结构，向国家、市场和公民社会三元社会结构的演变，提出了平等的三元社会结构更需要利益集团作为中间的决策层次的观点。本节还分析了中国社会的利益集团的特征，旨在为后面的理论分析提供“中国背景”。第二节全面系统地梳理了各类利益表达机制，将其划分为制度性、组织性和行动性三类利益表达机制；分析了利益集团的作用机制，其中涉及的博弈论和最优规划的数理模型，为后面的理论分析提供了“技术准备”。第三节首先对金融发展理论进行综述，引申出金融政治经济学的分析方法，从法律、政策、非正式制度、利益集团等方面介绍金融政治经济学的研究成果，为接下来的理论分析提供“理论基础”。

第四章是“中国证券市场制度改革中利益集团作用机制分析”。证券市场制度主要包括证券发行制度、证券交易制度和证券监管制度，本章侧重分析证券发行制度。本章分三节，第一节结合中国证券市场的实际，分析了中国证券市场中利益集团的特征，并初步解读了其目标函数和约束条件。第二节研究利益集团在新股发行制度改革中的作用机制。在梳理新股发行制度的基础上，建立了监管者、发行企业和投资者三方利益集团的两阶段博弈模型。第一阶段是监管者与发行企业之间的利益共同体和投资者的博弈，两个利益集团就是否高利润发行进行博弈；第二阶段是监管者和发行企业的博弈，他们之间以造假与监管的或然率为基础进行博弈。第三节研究利益集团在股权再融资制度改革中的作用机制。在回顾股权再融资制度改革之后，建立了上市公司（大股东）和投资者两方利益集团之间的信号博弈模型，选取的信号是再融资股权份额，监管者作为公共利益代表者，通过制定资产收益率和再融资价格两类再融资条件发挥作用。

第五章是“中国国有商业银行制度改革中利益集团的作用机制分析”。本章分三节，第一节回顾和评价了国有银行制度改革的历程，分析了国有银行股份制改革中各类利益集团的类型与特征。第二节建立控制权竞争模型来分析国有银行制度改革中的利益集团作用机制。该数理模型是国内大股东、境外战略投资者和国内小股东三方利益集团之间的博弈，其中银行价值和控制权收益是判断各类均衡结果的两个有效判据。第三节是政治银行家模型，该模型反映的是国有银行大股东、政治银行家（有政治利益目标的银行家）和境外战略投资者三方的两阶段博弈。第一阶段是大股东和政治银行家之间基于委托代理关系的博弈，模型揭示出双方的激励合约（即工资合约）与银行家努力程度之间靠政治利益来平衡；第二阶段是政治银行家与境外战略投资者之间的博弈，银行家作为谈判人可能因为政治利益而选择与境外战略者合谋，即低价出售银行股份。

第六章是“利益集团的协调与金融和谐发展”。本章分三节，第一节对利益集团的作用效应进行了正反两个方面的评价，提出应该从存在性和作用效果两方面对利益集团进行价值评判，指出利益集团具有存在性上的正当性，考察利益集团的性质应该主要看其发挥的作用。第二节探讨了利益集团协调机制。首先提出利益协调的原则，归结出三类协调机制，然后重点分析了政府与利益集团之间的协调。第三节在评析中国金融改革的基础上，着重剖析了金融业特有的利益关系性质，金融业偏袒强势利益集团和忽视弱势利益集团的“嫌贫爱富”是金融业本身的性质决定的。本书最后提出了协调利益集团、促进金融和谐发展的建议。

关键词： 利益集团　制度　改革　博弈　金融政治经济学

Abstract

This paper researches on Chinese financial institution reform from the view of interest group. Interest group refers to the organized combo that have common interests or goals and influence other organizations or public sectors decision - making by collective action in a society or a specific reform. Interest group can abstracts into three elements: common interest, systematization and collective action. Common interest is the premise of interest group, which is the basis of aggregation. Systematization is the guarantee of interest group forming and existing, which combines individuals to an action group. Collective action is the effect mechanism of interest group, through which interest group expresses and achieves the common interests. However, the systematization degrees of interest groups are not all the same. Interest group could appear as a dominant organization form or a recessive one. Systematization degree could be divided into four levels: formal organization, contracted organization, informal organization without fixed organization structure or fixed name, including virtual organization existing in form of network, intentionally cryptomorphic organization, which mainly refers to criminal organization or organization intended to conceal its own interest.

Interest group is an inevitable social and economic phenomenon, which appears after interest differentiation, conflict, collection and disintegration of interests groups. At present, Interest group has become a hot topic. Once unfairness appears or any reform encounters hindrance, the action of interest group is mentioned although it is hard to define. Interest group appears simultaneously in Politics, Sociology and Economics, which shows it is a complex social being. It's necessary for social progress and economic development to study interest group from theoretical perspectives including investigating the rationality of its existence, analyzing its effect mechanism, evaluating its action and coordinating its development.

Researching financial issues from interest group perspectives is kind of analysis method of Political Economics of Finance. Political Economics of Finance is a cross - discipline based on Finance, Political Economics, and Law. This theory jumps out the theoretical framework of standard finance, which provides a new angle for finance study by bringing factors like law, government and interest group into analysis. Interest group is not only one of the most important analysis perspectives, but also an important analysis unit of the research of financial decision and financial system reform.

As a kind of exploratory transformation of theoretical research on Finance, Political Economics of Finance corresponds to the transformation of research paradigm earlier in Western Economics. Since the mid - late period of last century, there has been a trend called "New Political Economics of Finance" which refers to economics research overseas regresses to Political Economics. Hence the research of the mainstream Neoclassical Economics based on fixed system and became more technicalization, some economists began to study the effect of something like politic, ideology, system and culture on people's economic behavior and formed New Institutional Economics, New Economic History, Property Rights Economics, Law and Economics, Political Economics of Regulation, Public Choice Theory, Constitutional Economics and so on, all of which constitute New Political Economics.

One methodology and three kinds of research methods are used for analysis. The individualism methodology is insisted for research of interest group. Although interest group is a research object of group pattern, it's believed that all the interests originate from individual need which constitutes group interest, and collective action is completed by the cooperation of different individuals. In research, the whole interest group is considered to be an individual, which is endowed with utility function and studied with its constraint condition as a decision unit. Besides this, three study methods are taken (1) The measure of cross - disciplinary research is used since Political Economics of Finance is a new cross - discipline financial discipline, and interest group is a concept appears simultaneously in many disciplines. (2) Positive method of mathematical logic. Two study methods of logical positivism, the game theory and the Optimal planning mathematical model, are taken to study action mechanism of interest group, which reflects the independent decision - making of a single individual and the gambling process among different interest groups. (3) Normative analysis. The effect and properties of the action of interest group is analyzed normatively to make an objective value judgment about interest group.

Three parts are included in this paper (1) conception and literature review. (2) Theoretical analysis of the value of interest group's action. (3) Evaluation of the action of interest group and countermeasures.

The first part is theoretical review of interest group and theoretical basis of the action mechanism of the interest group. Chapter 2 is "theoretical review of interest group", which analyses based on the conception of interest and points that the formation of interest group is caused by the change of social interests relationship. This chapter reviews the theories of interest group from the angles of economics and politics, and summarizes the Chinese scholars' viewpoints of interest group. Chapter 3 is "analysis of the action mechanism of the interest group and reform of financial system", which provides theory basis for the analysis of the action mechanism of interest group in the reform of Chinese financial system and establishes the analysis framework as Political Economics of Finance. First, to provide "Chinese background" for analysis, this chapter begins with the analysis of interest groups and their characters in the reform of China and proposes that interest groups are needed as intermediate decision level in "Three - Component Society" which is composed by country, market and civil society. Second, based on the review of various interest expression mechanisms, interest expression mechanism are defined as institutional interest expression mechanism, organizational interest expression mechanism and action interest expression mechanism. To provide "technical preparation" for analysis, the analysis of action mechanism of interest group including Game Theory and Optimal Planning Mathematical Model is attached. Last, to provide "theory basis" for analysis, analytical method of political economics of finance is introduced by the reviews of the development of finance, and achievements of political economics of finance are introduced from the angles of laws, policies and informal institutions.

The second part is the theoretical analysis of the action mechanism of interest group. Chapter 4 is "analysis of the action mechanism of interest group in the reform of Chinese securities market". This chapter begins with analysis of the characters, constraints and objective function of interest group based on Chinese securities market. Secondly, models for discussing the action mechanism of interest group are established based on the reform of system of IPO and SEO. The model based on the reform of SEO is a signaling game model between the interest group of listed companies (large shareholders) and the interest group of investors, whose signal is shares of SEO. Regulators act as the spokesmen of public interests by regulating return on asset and re-financing price. Chapter 5 is "analysis of the action mechanism of interest group in the reform of state-owned commercial banks". This chapter firstly reviews and evaluates the process of the reform of sate-owned commercial banks and, analyzes types and characters of interest groups in shareholding reform of state-owned commercial banks. Based on this, shareholding reform of state-owned commercial banks is analysis by using control contest model and political banks model. Control contest model is a game among three interest groups including domestic large shareholders, foreign strategic investors and domestic minority shareholders, whose equilibriums are judged by two effective criterions - value of bank and return of control. Political bankers model a two-stage game among three interest groups including large shareholders of state-owned commercial bank, political bankers (bankers with political aim) and foreign strategic investors. Principal-agent relationship exists between large shareholders and political bankers, political interests would balance incentive contracts (salary contracts) and hardworking of bankers. Political bankers and foreign strategic investors may be collusion because of political interest.

The third part includes value analysis of the action of interest group and countermeasures. Chapter 6 is "coordination of interest groups and harmonious development of finance". This chapter firstly advances that the value of interest group should be judged by existence and action effect which is introduced by positive and negative comments about the action of interest group, and points that the existence of interest group is legitimate. Secondly, coordination mechanism of interest group is discussed and three kinds of coordination mechanism are proposed, the analysis of coordination between government and interest groups is the emphasis. Thirdly, the characters of the interest relationships of financial industry are analyzed based on the analysis of Chinese finance reform, which decides the financial industry emphasizes on the strong interest groups and ignores the weak interest groups. At last, the advices about coordinating interest groups to promote harmonious development of finance are proposed.

Keywords: Interest group, Institution, Reform, Game,
Political economics of finance

目录

1 导论

1.1 选题背景

1.1.1 现实背景

中国三十年来的经济体制改革，不仅带来经济发展水平的快速提高和社会财富的持续增长，同时也引起利益分化、利益聚合、阶层聚合等现象，并且还进一步引致社会结构、公民意识和价值体系的深刻变化。利益集团就是在这个背景下出现的政治社会和经济现象。尽管利益集团已经成为社会经济发展中的一个热门话题①，只要社会上出现不公平的事件，或某项改革进程遭遇阻碍，人们就很自然地开始非议利益集团。但利益集团似乎是一个“不识庐山真面目”的存在，许多人也许一边在使用这个概念，一边在疑虑：利益集团是实体的存在，还是观念的存在？

“利益集团”是一个跨越政治学、社会学和经济学的多学科概念，作为一个概念当然只能是观念的存在。现实生活中还没有直接以“利益集团”命名的实体。但是，即便如此，利益集团依然能成为一个可供研究的问题。首先，不同的学者对这个概念的认识大同小异，是少有的能达成共识的概念。其次，按照这个概念的内涵和外延，在现实生活中能找到大致对应的实体。可以说，利益集团作为实体的存在首先在学理上获得了合法性。显然，在当下这个多元化的社会结构中，利益集团在人们能感知的生活实践中也是一个客观存在，它

① 截至2012年3月13日，在百度搜索引擎上输入“利益集团”这一词条，可以得到1860万个条目；据《中国知网——中国学术期刊全文数据库》，1979—2012年的33年间，全文含“利益集团”的文章达到15万多篇，1998年至今的13年间达到14万多篇，2008年至今的3年间达到6.1万多篇，可见人们对“利益集团”的关注和学者对“利益集团”的研究呈现一种加速的趋向。

实际上是人类社会的一种极为自然的活动形态。这就如同，自然界中每天会从天而降无数的原子状态的细小雨滴，它们散落浸入大地之后，并不是均匀地分布在土地每一个角落，而是最终聚合成相对静态的池塘、湖泊，或者是流动的沟渠、江河和大海。人类社会也一样，人就是雨滴，利益集团就是湖泊或江河，每个人都是原子状态的独立个体，但我们无时无刻不处在某个群体之中，或家庭，或单位，或某个团体。

现在的公众舆论较多地对“利益集团”存在负面评价，这种意识形态的偏见，有碍我们深入认识这个复杂的政治社会经济现象。实际上利益集团需要社会的认可和引导，需要政府在制度上建立合理机制，使各个利益集团能以合适的形式出现、有序地发挥作用。尤其需要引导人数众多又相对弱势的利益主体组织起来，频频发生的群体性事件给我们敲响了警钟。当弱势群体的需求无法通过正常有效的渠道进行表达，他们的利益需求被现有机制忽略，甚至因表达利益诉求而遭受打击报复时，利益矛盾容易冲突激化。当弱势群体对现状感到失望时，就可能产生非正常的表达方式和非理性的宣泄，产生一些突发的群体性事件。“当一个社会中各种成分缺乏有组织的集团，或无法通过现存的有组织集团表达自己的利益时，一个偶然的事件或一个领袖的出现都可能触发人们积蓄的不满，并会通过难以预料和难以控制的方式突然爆发。”① 如果将我国弱势群体组织起来成为体制内的利益集团，以合法渠道参与社会规则和公共政策的制定，就能使他们摆脱分散而孤立的原子状态，处境将会得到极大的改善。

应该说有越来越多的智见之士认识到利益集团在社会经济政治生活中的重要影响，开始重视并公开谈论这个话题。2006 年中国人民银行的一位领导在“中国经济 50 人论坛年会”上提出，应该承认不同利益集团，在中国改革已经进入利益格局调整的新阶段，必须承认不同的利益层次和利益集团的存在，通过法律手段界定利益边界。

因此，从理论角度深入研究利益集团，考察其存在的合理性，分析其作用机制，评价其作用效果的优劣，协调其均衡发展，是当前中国社会进步和经济发展所需要的。

1.1.2 理论背景

改革开放的实践，推动了中国金融的发展与进步，这一时期中国金融机构

---

① ［美］加里不埃尔·A. 阿尔蒙德. 比较政治学：体系、过程和政策. 曹沛霖，译. 上海：上海译文出版社，1987：202.

和金融市场取得了突飞猛进的发展和进步。与此同时，中国的金融理论研究也不甘落后于丰富的金融实践，从传统的金融理论完成了向现代金融理论体系的转向。

西方主流金融理论侧重于数理模型分析，它们以高度抽象的数理特征假定为基础，推导出许多精致的定价模型，这些模型在实践中也都有不同程度的运用。金融学这种研究范式与西方主流的新古典经济学范式一脉相承，这种实证主义研究范式极大地提升了经济学的科学性。但是，自 20 世纪中后期以来，国外经济学研究有一种回归政治经济学的趋势，这种趋势被称为“新政治经济学”趋向。由于主流的新古典经济学是在制度既定条件下展开研究的①，且日益走向更精致的技术化发展路径，另外一些经济学家则把视角探入社会和人性的更深处，探讨政治、意识形态、制度和文化等对人们经济行为的影响，形成了蔚为壮观的几门经济学新学派。按照盛洪（2003）的总结，新制度经济学、新经济史学、产权经济学、法与经济学、管制的政治经济学、公共选择理论和立宪经济学一起，共同构成了新政治经济学②。与经济学这种转向相对应，20 世纪末以来，金融发展理论开始强调制度的、政治的因素，作为一个新的研究领域，这种研究方法及其理论被称为“金融政治经济学”。

金融政治经济学是跨越金融学、政治经济学、法学等多个领域的交叉性金融学科。该理论最大的特征是将法律、政府、利益集团等因素纳入金融分析之中，这些因素原本是主流金融学作为外生变量来处理的。它超越了主流金融学的理论框架，为金融学的研究提供了一个全新的视角。金融政治经济学的最重要的分析方法之一，是以利益集团为核心来研究金融问题，将利益集团作为金融决策或制度演变进程中的重要分析单位。

必须承认金融学是一门应用学科，与人们的经济生活密切相关，如果它对经济金融活动的解释和指导缺乏说服力，理论应用意义就会大大降低。主流金融学过分追求体系的完美，过分注重技术层面的问题，缺乏对现实金融运行的关注。当前人们所关心的中国金融制度改革的一些问题，仅仅通过主流金融理论中的定价模型是很难加以解释的。但是，如果从金融政治经济学的视角出

---

① 按照公共选择学派经济学家布坎南的说法，新古典经济学只涉及规则或制度内的选择，而立宪经济学则是对规则或制度本身的选择。规则内的选择只涉及某一行动的效率问题，而对规则的选择则涉及与规则有关的所有行动的效率，因而后者比前者更为重要，是更高的“研究层次”。

② 盛洪：走向新政治经济学——《现代制度经济学》前言之二//盛洪. 现代制度经济学. 北京：北京大学出版社，2003.

发，加入政府、法律及利益集团等因素，我国金融制度改革中的一些长期处于争执之中的问题有可能得到合理解释，这无疑给研究金融制度改革问题提供了一种新的思路。因此，相对于主流金融学来说，金融政治经济学理论框架对于特殊体制背景下产生的中国金融制度改革研究具有特别的意义。

总之，从现实的需要看，本书认为利益集团是个值得研究的问题；从金融理论的发展中，我们在金融政治经济学中也发现了以利益集团为分析视角的理论研究方法。因此，现实与理论两个方面的结合，共同构成了本书采用利益集团的视角来研究中国金融制度改革的出发点。

1.2 本书的研究方法

本书从利益集团这个视角来研究中国金融制度改革问题，由于研究角度的特殊性，决定了本书的研究方法也具备一定的特性，可概括为崇尚一种方法论、采用三种研究方法：方法论是经济学研究所坚持的个人主义方法论；三种方法分别是跨学科交叉研究方法、数理模型的实证方法、规范分析的方法。

1.2.1 个人主义的方法论

从研究对象角度可以将学术研究在方法论上分为个人主义方法论和集体主义方法论，政治学和社会学对群体现象和群体过程通常采用集体主义方法论，以便揭示群体的特征与行动规律。经济学研究建立在利益机制的基础上，利益机制源于个人主义方法论，经济学通常把群体现象转化为个体现象来研究。经济学个人主义方法论认为所有的决策最终只能由个体决策者做出，成本和收益只能由个体来衡量，效用函数和约束条件也只有个体才能自知。除了个人利益之外，其他任何形式的利益包括集团利益、国家利益都是抽象的，都缺乏人本主义基础。

本书以利益集团为研究对象，研究的是利益集团这个可以形成集体行动的群体，但本书遵循经济学传统，依然选择个人主义方法论来指导研究利益集团。我们相信，所有利益都根源于个体的需要，集团的利益不过是对个体共同利益的反映，落脚点还是在利益个体身上。集体行动也是由个体与个体之间的协作完成的。集团形态可以看作是人为拟制的结果，它不能像自然人那样能思考、有偏好。只要涉及具体决策，就一定需要具体的个人。

如何在研究利益集团时贯彻个人主义方法论呢？我们将利益集团整个视为

一个个体，赋予利益集团以效用函数，考察其作为决策单位的约束条件。这个效用函数的微观基础就是集团成员的共同利益。这样就可以将分析个体的方法运用于分析利益集团。当然，这样对利益集团的个人主义分析方法与纯粹个人决策还是有所区别：一是利益集团分析中的个人决策会影响到其他成员，或者说是代表其他成员进行决策的。二是事先必须提出利益集团的效用函数，这个函数能代表集团成员的共同利益，在实际中这个过程可能会存在偏差。而纯粹个人分析，责任完全自负，效用函数无需加总或归一。本书采取个人主义方法论的另一个原因，是为了运用主流经济学范式的数理模型来说明利益集团的行为和作用机制。

1.2.2 三种研究方法

本书采用的第一种研究方法是跨学科交叉研究。首先，本书是运用金融政治经济学分析方法进行研究，而这门新兴金融学科在分析中吸收法学、政治学、政治经济学等学科的研究成果，为金融问题分析提供多重知识积淀。其次，本书以利益集团为分析视角，利益集团最早原本是政治学的范畴，然后是法学、社会学概念，最后才成为经济学研究对象。所以，本书从利益集团角度去研究金融制度改革，这种视角的研究当然不可避免的是多学科交叉研究。

本书采用的第二种研究方法是运用数理模型进行逻辑实证研究。本书采用博弈论和最优规划的数理模型两种逻辑实证的方法，来研究利益集团的作用机制。众所周知，博弈理论最适合运用于不同信息条件下主体之间相互作用的过程的研究，最优规划的数理模型原本是用于单一个体的最优选择行为的分析，包括单目标规划和多目标规划，但后来最优规划方法可以拓展到多个主体之间的相互作用，其作用机制体现在目标函数和约束条件的相互作用上。本书之所以没有采用经验实证的研究方法来分析利益集团的作用，是因为以下几个原因：一是因为经验实证分析需要大量的数据，关于利益集团的数据很难获得；二是目前关于利益集团也没有很好的经验方法来测度其作用效果，一般是采用行业集中度来反映利益集团影响力的大小，显然有失偏颇；三是经验实证方法测度的一般是利益集团的作用效果，需要与经济增长或金融发展相联系，而本书的论题是金融制度改革，侧重于考察利益集团的作用机制，即它是怎样在制度改革过程中发挥作用的，而不是发挥了多大的作用。

本书采用的第三种研究方法是规范分析方法。在运用数理逻辑实证方法对利益集团作用机制进行分析之后。本书最后一章运用规范分析对利益集团作用的效果和性质进行了价值分析。之所以很重视对利益集团的规范分析，是因为利益集团这个研究对象承载了社会上太多的价值判断，研究中想避开价值判断都不可能。只有对一个事物作出了客观的价值判断，我们才能在主观上作出是支持还是反对、是鼓励还是抑制的决定，并以此为基础形成我们的行动。本书对利益集团进行了初步的价值分析，提出了应对利益集团的存在性和作用效果进行双重价值评判。

1.3 本书的总体思路和主要观点

本书研究涉及利益集团和金融制度改革两条线索，应该说这两方面研究起来都有较大难度。下面把本书的总体思路和主要观点概括如下：

1.3.1 本书的总体思路

本书的结构安排在摘要中已经做了详细论述，此处不再赘述。这里只是对为什么这么安排，即本书的总体思路，做一点说明。本书包括三大部分，想要完成三个功能：①什么是利益集团？它是如何发挥作用的？②哪些金融制度改革比较明显地反映了利益集团作用的影响？哪些利益集团在这个过程中发挥作用？③如何通过协调利益集团的作用机制，让它在金融制度改革中发挥正面的积极的影响。需要说明的是，利益集团对金融制度改革只是产生影响，而不是完全决定金融制度的改革。

本书相应地包括三个部分的内容：第一部分是利益集团的理论综述和利益集团作用机制分析的理论基础；第二部分是金融制度改革中利益集团作用机制的理论分析；第三部分是对利益集团作用的价值分析及对策建议。下面分别对三个部分的内容安排做出简要说明。

第一部分是对利益集团概念、理论和作用机制的分析，分别由第二章和第三章完成此功能。由于利益集团是比较新的研究对象，所以本书花了两节的内容来分析利益集团产生过程，利益集团的内涵和分类。利益集团的理论对于大部分经济学研究者而言，可能也是不太熟悉，因此有必要予以较为详细的梳理、提炼和分析。这些构成第二章的内容，第三章则是对利益集团作用机制的分析，三节内容分别完成了正式分析利益集团作用于金融制度改革之前的“中国背景”、“技术支持”和“理论基础”三大功能。

第二部分是正式分析利益集团作用于金融制度改革的机制。一篇论文的容量终究是有限的，因此必须先解决两个问题：①分析哪些金融制度？②分析哪些利益集团？

首先，我们要解决的是哪些金融制度改革比较明显地反映了利益集团作用的影响。为了不发生大的遗漏，本书从直接融资和间接融资这两大互补性金融领域中去寻找。在直接融资的证券市场中，金融制度大致可以分为证券发行制度、证券交易制度和证券监管制度。由于证券交易制度更多地体现为一种技术性规范，故本书不予研究；证券监管制度确实能反映不同利益集团的博弈，但本书也不予研究。原因有二：①证券监管制度主要是从宏观管理者的角度出发的制度，而不是微观金融主体角度的操作性制度，本书以微观金融主体行为分析为主；②对证券监管制度的博弈分析，完全可以在对证券发行制度的博弈分析中得到充分体现，两者的作用机制基本一致。因此，在直接融资领域，本书只分析证券发行制度中利益集团的作用机制，并分为新股发行和股权再融资两个过程进行研究。这样的金融制度选择，既做到了有代表性，也能有一定的深入性。关于间接融资领域，国有银行应该是最好的样本，而国有银行股份制改革应该就是最好的研究切入点，具有较好的代表性和重要的样本价值。

其次，我们必须对金融制度改革研究中哪些利益集团适合分析做出判断和选择。利益集团并不是抽象存在的，从大的方面说，它是社会利益关系变革的反映，可以是具有相对长时间的稳态存在；从小的方面说，它往往是某个具体变化过程的产物，可能是短时间的存在。因此，考察和选择利益集团，一定要依据某个具体过程来分析，但同一具体的金融制度改革过程可以涉及不同角度的利益集团分类，因此还必须进一步地进行选择。例如国有银行股份制改革过程中的利益集团可以做如下不同角度的分类：①按股改博弈的利益关系，可分为控股股东、银行家（职业经理人）、境外战略投资者等三方[①]。②按国有股份银行的股本结构划分：国内控股股东、国内中小股东、境外战略投资者、境外中小投资者。③按国有股份银行的运作流程可分为：监管层（主要是银监会、证监会等）、控股股东、银行家（非股东）、中小股东、员工和银行客户等，这是从创造价值和分配价值的主体角度的划分。本书不可能从所有的角度进行分析，必须对利益集团有所取舍，取舍的标准主要看研究的目的。如果研究的目标是银行控制权竞争，那么银行员工和银行客户一般就不纳入分析框架之中。

第三部分的功能主要对利益集团作出规范的价值分析和政策建议。因此第

---

① 虽然还有其他股东，例如一些国有大型企业入股银行，他们主要是作为财务投资者进入的，对控制权不感兴趣，总之他们不会影响股份制改革方案设计。而境外战略投资者不仅可以参与股份制方案的博弈（例如持股比例），而且还可以议价方式参与形成入股价格。

六章的内容安排主要是对利益集团的作用效应进行价值评价，对利益集团的协调机制进行探讨。最后一节回到中国金融改革背景之下，分析金融业特有的利益关系性质和利益集团特性，据此提出协调利益集团促进金融和谐发展的建议。

1.3.2 本书的主要观点

（1）利益集团的产生是社会利益关系变化的产物。从利益分化、利益冲突、利益聚合，直至利益群体出现，最后通过一定形式的组织化就产生利益集团。本书梳理了这一过程。

（2）中国改革进程中社会结构的演变，使得利益集团成为社会有序运行中不可或缺的中间决策层次。与中国经济政治体制改革进程相对应，中国正在逐步完成由国家、中间阶层和民众三层社会结构，向国家、市场和公民社会这个平等的三元社会结构的演变。由于平等的三元社会结构的三个结构因子都是以个体为基础的，这在决策上天然地具有难以协调的弊端，与三层社会结构下丰富的决策层次不同，三元结构社会更需要有组织的群体决策机制作为中间决策层，来弥补社会治理层次性不足带来的决策缺陷。

（3）本书系统全面地梳理了各类利益表达机制，将其划分为制度性、组织性和行动性三类利益表达机制，实际上也因此揭示了其内在作用机理，并运用数理模型来分析利益表达和博弈机制。

（4）在我国特定背景下成长发展起来的证券市场中的利益集团具有复杂的性质。本书分析结果如下：①股权分置导致的利益分化是中国证券市场利益集团形成的特殊背景；②证券市场的特殊定位形成了中国证券市场的既得利益集团；③对投资者保护的缺乏是中国证券市场弱势利益集团形成的根源；④证券市场持续不断的显性利益冲突使得中国证券市场利益集团显性化程度较高；⑤证券市场运行状况使得中国证券市场利益集团具有较强的集团意识和维权意识；⑥中国证券市场利益群体组织化程度差异较大、强势集团与弱势集团力量失衡严重；⑦由于证券内含的收益权与控制权的非均衡性，导致了大股东和中小股东利益倾向存在明显区别。同股同权只体现在收益权中，控制权的分布则是非均衡的。

（5）对新股发行制度改革的模型分析结论主要有：①由于证券市场发展初期，政府着重于市场的融资功能，发行企业与政府结成了利益共同体。监管层与发行企业作为利益共同体与投资者之间的博弈的结果是：一次发行博弈中，均衡结果是高利润（或高市盈率）发行；多次发行博弈中，政府将采取制度措施降低新股发行利润，维持新股发行参与各方利益的均衡。②对于监管层与发行企业之间的博弈，模型分析结果表明：由于证券市场的飞速发展，政府的目标已不再偏重于融资，而是追求维护市场的公平和投资者保护。当市场造假程度严重，监管层也不需要直接对价格进行干预，而是考虑如何通过其他非市场手段，例如降低对造假行为的查处成本、增大监管层的查处收益和效用、增大监管层不查处的负效用等，来调节新股发行市场中的各类利益集团行为。

(6) 对股权再融资制度改革的模型分析表明：上市公司大股东和投资者之间以再融资股权份额为信号的博弈，导致了一种双输状态的均衡结果，即"囚徒困境"。作为博弈均衡解的再融资股权份额，使得投资者的预期效用与公司的预期效用之和取得极小值。无论这个信号如何变化，虽然总效用在增加，但总有一方的效用在下降，因此导致非最优的均衡状态，即最后的均衡解并不是最优解。而监管者可以通过对资产收益率和再融资价格两类再融资制度条件的管制，调节再融资双方的利益和行为。

(7) 国有银行股份制改革的控制权竞争模型是国内大股东、境外战略投资者和国内小股东之间的三方博弈，影响因素主要有竞争力（经营管理能力）、控制权收益和银行价值。模型分析表明：①当境外战略投资者初始股份额大于国有大股东股份额，控制权竞争的唯一均衡解为境外战略投资者赢得控制权，因为境外战略投资者更强的竞争力将会增加银行价值，而国内大股东和小股东都站在境外投资者这边。为了保持国有控股地位，必须制定相关政策来限定境外战略投资者的持股比例，但当国内资本市场发展到一定程度之后，可以逐步放开这一限制比例，否则会降低银行价值。②当国有大股东比境外战略投资者具有更高的初始股份额，但由于其竞争力不足，且监管者对小股东的"制裁成本"较小，控制权竞争的唯一均衡解为境外战略投资者赢得控制权竞争，但国有大股东也能分享部分控制权收益。③当国有大股东比境外战略投资者拥有更高的初始股票份额，控制权竞争的唯一均衡解为国有大股东赢得胜利，并获取全部的控制权收益，境外战略投资者控制权收益为零。这是因为双方持股差距较大，且监管者对小股东的制裁成本较大，竞争力差异不足以战胜制裁成本，境外战略投资者不能赢得控制权竞争的胜利。

(8) 国有商业银行制度改革的政治银行家模型是银行大股东、政治银行家和境外战略投资者的三方博弈，模型分析的结论有：①国有商业大股东通过两种方式在委托代理关系中施加激励，使得政治银行家选择付出较高的努力水平。其一是通过状态信号来传递代理人努力的程度，从而给予与其努力程度相适应的工资合约；其二是给予银行家固定工资合约，但赋予银行家隐性的政治利益，从而使得银行家代理人保持高水平的努力状态。由于传递努力状态的信号不容易，要为此而建立动态的薪金制度实际上是十分困难的，所以现实中的政治银行家通常接受固定薪金合约[①]，而以获得政治利益作为补偿。②政治银行家与境外战略投资者之间的博弈比较复杂，银行家从银行控制权角度，不愿意引进境外战略投资者，但为了政治利益，则可能倾向于引进境外战略投资者。在双方的谈判博弈中，银行家作为谈判人可能因为政治利益而选择与境外战略投资者合谋，即低价出售银行股份，但同时坚持银行控股权，即在银行股份的外资购买价格和入股比例之间寻找平衡，可以大致视为是政治利益与经济利益的平衡。

（9）金融业具有特殊的利益关系性质，由此导致金融领域内利益集团也具有一定的特殊性。主要包括：①金融业本身的利益关系以信用为基础，但作为一种平衡，在实际运作中则更强调“以物为本”和“以钱为本”，而不是“以人为本”。金融业是生产和交易虚拟产品的行业，与以实物交易为基础的实体经济不同，实物交易本身就有一种自我抵押的价值基础。因此，金融业的这一行业特性决定了它必须将自己的资产与某种具有实在价值的东西相联系。其结果是导致了金融业存在更依赖和更偏向于强势利益集团的利益特性。②金融资产的虚拟特性使得投资者保护存在天然的缺陷，法律制度的短缺形成了金融活动中的弱势利益集团。由于金融资产不具备任何自然的使用价值，其价值唯一的来源是未来的预期现金流，因而天然地缺乏一种客观的共识性的价值基础。各类资产定价模型的结果千差万别。因此，投资保护就天然地缺乏一种客观标准，难以获得完善的法律救济。即使中小投资者在中国证券市场上承受着远远超过其投资收益的投资风险，却被“投资者风险自担”一句话消解了其经济上的不合理性和伦理上的非正当性。其结果是导致了金融业天然地存在制造弱势利益集团的利益特性。③由于金融业的核心地位和它能提供公共产品的经济特征，政府对金融业的控制比一般行业要强得多。其结论是金融业具有极度依赖政府的既得利益集团的利益特性。④金融业的垄断特征导致其自身可能成为具有特殊利益的垄断利益集团。由于金融业行业经营许可证带来的特许权价值，使得金融业具有较强的垄断行业特征，具有垄断行业特有的能获得超额收益的利益关系。

---

① 当然，由于银行家特殊的人力资本特性，他们的固定薪金一般都非常高，最近媒体不断报道各家商业银行行长能获取远远高于一般职业经理的薪金。这是一个值得深入研究的问题，本书模型分析的结论显然是有待深入的。

（10）本书认为对利益集团的价值判断具有特别的意义。对一个影响特别广泛的社会现象——利益集团而言，只有对其作出客观的价值判断，我们才能在主观上作出是支持还是反对、是鼓励还是抑制的决定。从本源上看利益集团无所谓好坏，其形成是人类社会发展、利益关系演化的自然结果，因此对利益集团的价值评判不能只看其存在，更要看其作用产生了什么样的效果。

1.4 本书的创新及不足

本书是在前人研究的基础上所做的些许努力，众所周知，思想的创新和方法的创新是如此困难，本书也不敢妄断创新。下面几个方面算是本书所做的一些特别的努力，或许能有一点创新的意义：

（1）选题较新，运用金融政治经济学分析方法，从利益集团视角研究金融制度改革问题。对于中国金融制度改革的研究，目前规范性分析比较多，运用主流的实证研究方法的较少。但是如果全部照搬目前主流金融学的理论，也是行不通的。因为主流金融学过分强调技术性因素，而忽视制度性因素，仅仅通过主流金融理论中的定价模型是很难解释中国金融改革的实践的。本书从金融政治经济学的视角出发，从利益集团角度研究中国的金融制度改革，既运用了主流经济学和金融学的分析方法，同时又突破了其研究领域和研究视角的局限，这无疑给研究金融制度改革问题提供了一种新的思路。目前这样的研究，散见于国内外的一些文献中，但集中论述的、有针对性论述的比较少见。

（2）对金融业的利益关系特性和利益集团的特征进行了较为深入的理论探讨。本书从金融业的利益关系的信用基础、金融资产的虚拟特性、金融业的核心地位和提供公共产品的经济特征、金融业的垄断特征等四个角度，分析了其利益关系特殊性，以及由此带来的利益集团方面的特征。

（3）从社会结构演变角度分析利益集团的重要作用，指出随着国家、市场和公民社会的平等的三元社会结构的逐步形成，利益集团作为中间决策层次在社会经济生活中将发挥越来越大的作用。

（4）本书对利益集团的规范分析有自己的特点，对利益集团的价值判断包括两个部分，一是对利益集团的存在性的价值判断，二是对利益集团行为结果的价值判断。本书认为，从本源上利益集团无所谓好坏，其形成是人类天性、利益分化、阶层聚合的自然结果，是人们的自发选择，具有伦理上的正当性。但是社会中的人们对利益集团作用效应却存在完全相反的对立评价，而且每一种评价都有充分的理由。因此，本书认为对利益集团的价值评判不能只看其形态，必须依赖于具体的过程看其表现。如果强势利益集团的功能是用于慈善事业或知识传播，那么它在伦理价值上具有正当性，如果弱势利益集团发生群体性暴力活动，影响社会稳定和他人安全，那么它也具有非正当性。

本书的不足之处在于：①缺乏对利益集团作用机制和作用效果的经验实证的分析，因此，利益集团在金融制度改革中究竟起到多大的作用，是决定性作用，或是多大的影响作用，本书无法予以明确回答；②虽然建立了几个博弈论和数理模型来分析利益集团在金融制度改革中如何发挥作用，但由于前提假设和模型本身的问题，解释力有限，尤其是政治银行家模型，对政治利益没有给出明确的解释和度量指标；③在研究中对于某个具体的金融制度改革过程中如何选取利益集团，可能会有偏差之处。例如在股权再融资制度改革中，只考虑大股东、投资者和监管者之间的博弈，没有考虑券商等金融中介的利益，也没有把投资者细分为机构投资者和中小投资者，这在很大程度上会降低模型的说服力。④对利益集团的协调机制考察不够，因而本书的对策建议部分内容稍显空乏，留待以后进一步研究。

本书可进一步研究的方向：①运用经验实证的方法对利益集团作用大小和作用效果进行分析；②对中国社会的利益集团的生存状态和发展趋势进行全方位的调查研究，以期获得关于利益集团在当前社会结构中所处状态的认识；③对如何通过利益集团的协调来促进金融的和谐发展可作更深入的研究。

2 利益集团理论综述

2.1 利益关系变动与利益集团形成

2.1.1 利益

探讨利益概念的丰富涵义，对于研究利益集团的行为有着重要的意义。利益分化、聚合是利益集团形成的前提条件，利益的多重性有助于我们理解利益集团的多样性和目标函数的复杂性。

2.1.1.1 利益的概念

利益是能使人的需求得到满足的客体对象，包括物质和精神。按《辞海》的解释，通俗地说，利益就是“好处”的意思；按《中国大百科全书·哲学卷》说法，利益是“人们通过社会关系所表现出来的不同需要”①；按《马克思主义哲学全书》所述，“利益在本质上属于社会关系范畴。社会主体维持自身的生存和发展，只有通过对社会劳动产品的占有和享受才能实现，社会主体与社会劳动产品的这种对立统一关系就是利益”②。利益总有主体，谁的利益或对谁的利益。因此，利益不仅涉及主客体之间的关系，由于不同个体利益的实现可能会影响到其他个体的利益，利益还表现为利益主体之间的社会关系。

我们来看看中文“利益”的构词，“利”是禾字旁加一把刀，甲骨文中表示使用工具收割庄稼，含义是对人有用处的具体的事物或行为，其意义在“好处”。“利”与“害”是相对范畴，构成“利害”。而“益”字同“溢”，指水漫出容器之外，有增加、增殖等意思，在《周易》中“益”与“损”相对应，构成“损益”。“利”和“益”这两个字构成了质和量的有机结合：

---

① 中国大百科全书·哲学卷．北京：中国大百科全书出版社，1982：483.

② 马克思主义哲学全书．北京：中国人民大学出版社，1996：376.

“利”表达质的关系，表示某种东西对主体有好处，而“益”表达量的概念，表示好处有所增加。而在英文中①，带有“利益”含义的用词诸如“benefit”、“advantages”、“good”以及“interest”等。这些用词实际上可以分为两类，第一类以“benefit”这个词为代表，表达一种人与对其存在有关的对象物的直接的对象性关系，例如，用“benefit by”或“benefit from”就是表达因某物而受益，某种东西对主体是有用的和有好处的；第二类是“interest”这个词，更倾向于表达一种抽象的、非有形的对象性的关系，例如说“interested in”，表示在某种东西中有于主体有利的东西。

2.1.1.2 利益的特性

利益首先产生于个体的需求，蕴含了主客体之间的关系，利益同时也是一种社会性需求，蕴含着复杂的主体之间的关系。利益的个体性特征是基础，其社会性特征是利益实现过程中呈现的性质，在利益实现过程中可能会涉及集体利益或社会利益，需要主体之间的利益协调机制，但归根到底最后都是要满足个体需求。这体现了研究利益问题的个人主义方法论。我们要理解“利益集团”的概念，就要拆解“利益”与“集团”，即为什么个体的利益有时候要采用集体的形式来表达和实现。下面从利益的个体性和社会性两个角度来分析利益的特性：

利益的个体性导致了利益的主观性、差异性和可替换性：

（1）主观性。利益产生于个体的需求，即生理和心理上的一种非满足状态所导致的主体对特定客体的需求。需求的冲动由个体的非满足状态决定，需求的满足最终也要回归到个体的满足上。不同个体的非满足状态、利益载体带来的满足程度都由个体的主观状态来判定和调整。因此，利益具有主观性。

（2）差异性。由于个体之间存在差异，因此根源于个体需求的利益也具有差异性，这种差异性具有重要意义，它是一个社会发生利益分化和利益冲突的微观基础。但利益的差异性有程度的区别，对于层次较低的生理性需求而言，例如吃、穿、住和性等方面的需求，满足的方式相对简单，个体之间差异程度不大；但对于安全、尊重或自我实现等较高层次的需求而言，个体之间判断标准的差异会比较大。

（3）可替换性。不同的利益客体对同一主体而言具有可替换性，例如吃好一点与穿好一点之间的替换，经济利益和政治利益之间的替换等等。利益的

---

① 张晓明．伟大的共谋．北京：中国人民大学出版社，2004。参见其中“个人利益及其实现——合法性分析之二”的相关叙述。

可替换性是主体在不同利益之间的权衡，说明利益主体的利益需求是复合和多元的。换言之，每个人的效用函数具有复杂的结构。

利益的社会性源于以下的利益特性：

（1）稀缺性。稀缺性是经济学研究的基本前提，一个社会没有足够的资源随时生产出满足全部个体需要的东西，因此资源的稀缺性导致了个体利益不能同时全部实现，那么资源就需要合理配置，就需要主体之间进行利益协调，这就产生了利益的社会性。如果资源可以达到由所有个体任意使用的充裕程度，那么人类就没有必要在各类资源上构建利益关系，也无需建立财产权制度。

（2）可交换性。由于不同个体具有利益的差异性，同时资源的稀缺性决定了所有个体不可能同时独立实现其利益需求，因此不同个体之间的利益具有交换性，交换的结果可以提高整个社会的福利水平，这就是不同主体之间的利益分享机制。交换性体现了利益概念中有“量”的含义，说明利益既有定性分析的基础，也有适当定量研究的可能。可以说从个体需求到需求的满足之间存在着一个相当曲折的过程，即便层次较低的吃、穿、住等生理需求，其满足也需要一个社会性利益交换过程。这个过程体现了利益的社会性特征，因为交换的价格和比例不能由个体单方面决定，要由众多个体共同协商、竞价或博弈来决定。

（3）利益共性。利益并不只因为个体差别而单纯呈现出差异性，它还表现出许多共性特征。例如由于人性的相通而存在的人类需求的共性；由于利益交换的社会性机制的运行使得许多个体对利益的判断标准逐步具有共性；由于众多个体的职业、社会地位、身份和经济状况等具有相似性而形成的利益共性等。利益共性的存在是利益集团形成的重要依据，同一利益集团下不同主体之间存在一种利益共享机制。

2.1.1.3 利益的分类

利益根源于个体的需求，因此利益分类的基础也就是人类需求，不同的利益划分体现的就是不同的人类需求。考察不同层次、不同属性的需求，有助于我们理解利益集团决策者的某些特殊利益诉求，例如政治银行家的既包含经济利益也包含政治利益的特殊目标函数。

人本主义心理学家马斯洛把人类的需求分成五个层次，即生理需求、安全需求、社交需求、尊重需求和自我实现需求等。这五类需求依次由较低层次发展到较高层次：①生理需求是人类维持自身生存的最基本要求，包括衣、食、住、性等方面的要求。②安全需求是人类要求保障自身安全、摆脱失业和丧失财产威胁、避免职业病的侵袭等方面的需要。③社交需求包括两个方面的内容，一是友爱的需求，即人们都需要相互之间的友谊、忠诚、友情和爱情等。二是归属的需求，即人们都有一种归属于一个群体的情感，希望在一个群体中相互关心和照顾。④尊重需求是指人们都希望自己有稳定的社会地位，要求个人的能力和成就得到社会的承认。⑤自我实现需求是最高层次的需要，是指实现个人理想、抱负，发挥个人的能力到最大程度，完成与自己的能力相称的一切事情的需求，使自己逐步成为自己所期望的人。

基于主体不同的需求，我们可以对利益作不同的分类：

（1）按利益的形态可划分为物质利益、精神利益。物质利益是用于满足人们在物质方面需求的有具体形态的资源，其客体对象是有具体形态的物，例如衣食住行所需要的生活资料。精神利益是用于满足人们精神方面需求的无形的资源，例如对思想、文化、政治以及娱乐等方面资源的权益。

（2）按利益的属性可划分为经济利益、政治利益。经济利益是人们在生产、流通、分配和消费等经济活动中存在的利益，是主体对生产资料和生活资料的权益。政治利益是满足人们参与和影响公共事务决策的需求的各类权益。例如立法、司法、行政和意识形态等公共事务决策方面所享有的权利和实现机制。

（3）按利益的主体可划分为个体利益和群体利益。个体利益是指能满足个体生存发展所需要的各类资源，群体利益是指能满足国家、阶层或团体生存发展所需要的各类资源。每个人能直接感知到的利益都是个体利益，群体由个体组成，个体对群体利益的感知则需要一些认知过程。例如利益集团的组织化和集体行动，阶级代言人的宣传，爱国主义教育等。

按照群体范围的大小分，群体利益可细分为团体利益、阶级利益、国家利益和人类利益等不同范畴。按利益涉及范围大小，还可以分为局部利益和整体利益。整体利益指某个社会共同体（包括团体、阶层民族、阶级、国家等）内全体成员一致的共同利益。局部利益就是该共同体的某个部分的利益、任何成员个人的利益。因此，在一定意义上，局部利益也可以称为特殊利益，整体利益也可以成为一般利益或共同利益。

（4）按利益的时间可划分为当前利益和长远利益。利益之所以有时间长短之分，是因为人们认识世界程度有深浅，看待事物的眼界有高低。当前利益是人们满足即时需求所需要的资源，长期利益是在平衡不同时期、不同个体或群体的需求之后对所需资源的综合权衡，对长期利益的思考显示了人类与动物不同的高度理性。在各国经济发展造成人类生存环境极度恶化的背景之下，长期利益越来越值得人们重视，需要建立制度来规范和约束个体需求的膨胀和对当前利益的过度追求。

（5）按利益的冲突性可划分为相容性利益和排他性利益。这种划分视角由美国经济学家曼瑟尔·奥尔森提出来，可以帮助我们更好地认识利益集团中不同成员之间的利益关系，以及利益集团与社会的关系。相容性利益（inclusive interests）是指利益主体在追求这种利益时是相互包容的，利益主体之间是正和博弈①。拥有相容性利益者的利益实现，不仅是力求获得社会产出的更大份额，而且还需要扩大社会总产出，对社会而言相容性利益者是一种具有建设性的利益关系。排他性利益（exclusive interests）是指利益主体在追求这种利益时是相互排斥的，利益主体之间是零和博弈，甚至可能结果是绝对受损。拥有排他性利益的个人或组织由于只能分享社会产出中微不足道的部分，社会产出的减少对他们的损失也是微乎其微，因而他们对社会产出增长并无热情和兴趣。他们热衷于在分配上的博弈去寻求社会产出的更大份额，有时候这种分配上的博弈导致的社会产出的减少额比他们狭隘的利益所获得的还要大得多。因此，对社会而言，排他性利益是消耗性的甚至是破坏性的利益关系。

（6）按利益的实现状态划分为既得利益、中间过程利益和潜在利益。既得利益是当前制度条件下某些个体或群体利用制度性优势占有一定的资源所获得的利益；中间过程利益是制度变革过程中存在的各种利益关系，一些利益主体能很好地把握这些可能转瞬即逝的机会。当然，如果制度变革过程较长，中间过程利益将存续较长时间；潜在利益是制度变迁完成后中某些个体或群体预期可以获得的利益。任何制度稳定运行较长时间之后，都会形成现存制度下的既得利益集团，他们倾向于维护现存制度、阻碍制度的变革，潜在利益集团则有动力推动制度的变革，而中间过程的利益集团则喜欢制度变革或经济转轨的过渡状态，因为变革过程会出现许多新的获取利益机会。

2.1.2 利益关系的变化

人类理性在很大程度上被用于衡量功利，利益是人类历史活动的动因，人的一切行为的价值取向都是追求某种利益。人类社会历史发展是一个利益关系不断演化的过程，几乎每个时代都要经历利益相对统一、利益分化、利益冲

① 如果某个理性的、追求自身利益最大化的人或某个具有相当凝聚力的组织能够获得该社会所有产出增长额中的相当大部分，并且会因该社会产出的减少而遭受极大损失，则该人或组织在此社会中具有相容性利益。这种相容性利益给所涉及的人或组织以激励，诱导他们去关心并努力提高全社会的生产率。

突、利益分层与群体聚合直到利益的分裂与重整等几个阶段，从而完成制度更替或时代更迭。利益关系的变化体现在利益主体与客体之间的关系变化和利益主体之间的关系变化上（如图2－1所示）。

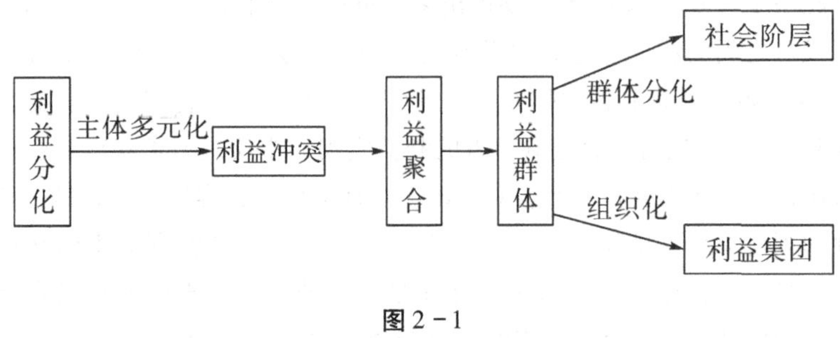

图2－1

2.1.2.1　利益分化

利益分化是指从利益均等状态演变为利益差别化状态的过程，是社会结构性变革引起的利益诉求显性化、利益主体多元化的过程。在传统计划经济条件下，私人不能占有生产资料，强调的首先是国家利益或抽象的全民利益，其次是集体利益，最后才是个体利益，而且个体利益被视为是个人主义和利己主义的表现，在价值观和道德观上受到歧视，个人的利益主体地位被遮蔽，个人的利益诉求被压抑。这样的利益主体的观念排序，使得利益失去其微观基础，因为利益根源于人的需要，它只可能被具体的个体直接感知。改革就是不断的利益驱动和调整，通过利益差异化，激发人们的积极性和创造性，来促进生产力的发展，实现个体和社会利益的共同增长。随着社会主义市场经济进程的不断推进，各类市场主体作为独立的利益主体的地位得到逐步认可和确立，各类利益诉求开始显性化，尤其是随着“以人为本”治国理念的确立，人们可以更加正大光明地表达和实现自己的利益诉求。

各类利益诉求的显性化的逻辑结果就是利益主体的多元化，因为利益诉求只有被表达出来、显示出来，才能判断利益的性质、利益的类别和利益的大小，才能更好地厘定利益主体，从而进行利益的分配或处理不同主体之间的利益冲突。在市场化的进程中，各类利益主体的利益自决和维权意识不断增强，利益的分化和重整也就势在必行。利益主体的多元化格局的形成，隐含了利益的矛盾和冲突，导致了利益群体的形成，并将逐渐改变一个社会的基本结构。

2.1.2.2　利益冲突

多元化利益主体格局并不必然导致利益矛盾和利益冲突，如果利益客体极大丰富，人们都能各取所需，各类主体利益诉求都能得到满足。但是，正如前文所述，现实经济社会中利益天然具有稀缺性，各类主体的利益需求不可能同时得到满足。在利益分化基础上产生的利益矛盾和冲突，会导致一个社会利益结构变动和不同主体之间利益差距的扩大。如果把经济利益作为利益的核心，把收入和财富作为量化指标，那么一个社会的利益冲突有时候甚至会形成较为严重的贫富分化。

利益矛盾和冲突一般由以下几个因素引起：一是利益客体的绝对稀缺，即某个社会中某些资源的现存全部总量，不足以满足这个社会各类利益主体的需要，例如非洲有些国家的合格食品、医疗资源或教育资源的稀缺。二是利益客体的相对稀缺。这是由于利益客体的区域分布或制度差异导致的不均衡所形成的，例如我国各个地区的矿产资源、水资源的分布差异，城乡福利制度差异等。三是主体利益观念的不一致性。不同的利益主体，有不同的社会地位、经济状况和利益观念，有的人拥有既得利益，有的人则希望改变现状，有的人更追求享乐，有的人则更乐于助人。因此，对同一利益客体的价值判断会有较大差异，利益矛盾和冲突就不可避免了。例如在中国证券市场的股权分置改革中，流通股股东希望得到较高的对价支付，而非流通股股东则希望支付较低的对价。

2.1.2.3 利益聚合

有了利益冲突就需要利益协调，不同主体之间的利益协调机制，是一种超越个体局限的社会机制。有效的利益协调机制能整合不同个体的利益关系，形成一种基于利益共性的利益聚合现象。

利益聚合的机理有两种，一是基于主体共性的利益聚合。如前所述，在职业、社会地位、身份或经济状况等某些方面具有相似性的个体，例如同一家公司的员工，一般会具有大致相同的利益诉求。因此，由于主体共性可能导致利益聚合。原本分散决策的利益个体，可以聚合到一起，基于利益共性进行集体决策，例如同一家公司的员工可能组成工会来维护共同利益。二是基于客体共性的利益聚合。由于经济发展水平的提高特别是金融市场的快速发展，带来了利益来源或利益客体的多样化。不仅有工资、奖金、津贴等货币化或实物化收入，还有各类财产性收入，例如存款利息、股票分红、资本利得以及不动产租金等。因此，即便主体的身份、职业有极大差异，但是如果他们具有某种共同的利益来源，比如都是某家上市公司的流通股股东，那么这些不同的个体之间也可能发生利益聚合，将分散的决策聚合为集体的行动，例如同一家上市公司的流通股股东可能会试图协商形成一致行动。

2.1.2.4　利益群体及其分化

利益聚合的结果是各类利益群体的形成①，以及不同利益群体的分化。利益群体是“以一定的社会关系为基础，具有大致相同的利益要求，持相对共同的利益态度而结合在一起的个人的利益集合体”②。前者较多体现了利益客体的一致性，后者较多体现了利益主体的一致性。利益群体的出现，可以更好地解决利益主体之间的利益冲突。其一，因为群体内部的不同个体之间具有利益共性，形成了利益共同体，可以减少内部利益冲突带来的内耗，协调和维护群体内部的共同利益；其二，不同主体之间的利益存在较大差异，可能存在对同一利益客体的争夺。由于利益群体的存在，利益冲突的协调将会更有效率，群体比个体更能理性表达和实现个体的利益诉求。因为由个体两两之间去协调，将会造成社会资源的巨大浪费，而代之以群体出面协调，将会极大降低协商、博弈的成本，且更容易达成利益分配的均衡。

利益群体处在不断分化的过程之中，既有新的利益群体的出现，也有旧的利益群体的消长，既有不同利益群体之间的融合，也有利益群体的内部分化。规模特别大的利益群体有时候在社会结构中占有重要地位，会产生重要影响，我们可以称之为“社会阶层”。社会阶层可以视为规模较大、影响较大的利益群体，后面章节将会对之有进一步的论述。利益群体分化的根源主要有三：一是利益客体的变化，有新利益客体的产生，新利益对旧利益存在替代，有的利益本来就是短期利益（例如股权分置改革中的对价支付）等等；二是主体对利益客体的态度或观念发生变化，导致利益群体的扩大或缩小，例如，随着社会发展，越来越多的公共利益群体得到很大发展；三是利益群体之间博弈导致的成功后的兼并或失败后的瓦解，例如上市公司股东之间控制权的争夺导致的不同类别股东的结构变化。

2.1.3　利益集团的形成

2.1.3.1　利益集团与利益群体的区别

利益关系的演化形成了不同的利益群体或社会阶层，但利益群体还不等同

---

① 如果以个人（自然人）利益为基础，可以形成阶级形态的利益群体、阶层形态的利益群体或团体形态的利益群体。如果以企业（法人）利益为基础，可以形成工业部门的利益群体、农业部门的利益群体、金融部门的利益群体、外贸部门的利益群体等。如果以地区利益为基础来看，可以形成由东部地区利益群体、中部地区利益群体、西部地区利益群体，以及各省市自治区及其内部不同地区之间利益群体。这些多重利益群体关系的有机耦合，就形成了整个社会的利益关系体系。

② 王伟光. 利益论. 北京：人民出版社，2001：104.

于利益集团，利益集团的形成还需要一些条件和机制设计。利益群体的特征是有“大致相同的利益要求”和“相对共同的利益态度”，但是，如果缺乏有效的组织形式，利益群体共同的利益态度难以有效地表达，共同的利益要求难以真正地实现。

利益集团与利益群体的区别在于：利益集团一般呈现有特定目标的、比较集中的某种组织形态，能遵循一定的协调机制进行集体行动，从而表达和实现利益集团的利益诉求。集团的利益体现在一定的组织中、明显的诉求中。利益群体有显性的也有非显性的，通常表现出一定的分散性，群体的利益体现在公共的需求中。以农民工为例，这个群体自然构成一个利益群体，且由于其数量巨大、影响很大，还可以视为是一个社会阶层。他们在薪酬水平、劳动保护、子女教育和社会保障等方面具有共同的利益诉求，而且这些利益诉求与其他群体或阶层相比有较为明显的特殊性。但是农民工却并不能称为是利益集团，因为这个利益群体没有比较稳定的组织形态和有效的组织形式，没有某种机制来表达和实现群体共同的利益需求，所以农民工经常被称为弱势群体。

除了成员具有共同的利益需求，从利益群体演化为利益集团还需要以下要件：一是形成某种组织形态或具备有效组织形式。例如，各类协会、行业组织、特定俱乐部等利益集团具有较为稳定的组织形态。但是，利益集团有时候并不一定要具备显性的组织形态，只要存在有效的组织机制，也可能形成利益集团，例如股权分置改革过程中的流通股股东并没有统一的组织形态，但是由于存在网络投票机制，因此很容易为了共同的利益形成一致的集体行动。第二，利益集团会通过集体行动来表达和追求利益目标。集体行动既可以通过全部集团成员的一致行动来完成，例如示威、罢工、投票或共同限产等，也可以通过代言人机制来完成，授权利益集团代言人来代表集团成员的共同利益。利益群体由于缺乏一定的组织或有效的组织形式，很难形成一致的集体行动。正因为集体行动的威力，利益集团也被称为压力集团，经常通过集体行动向利益冲突方、行业政策制定者或政府提出要求或施加压力，使竞争态势或政策导向符合集团的利益。

2.1.3.2 利益集团的组织化程度

究竟组织化程度达到多高，才能由利益群体转化为利益集团，这是个很复杂的问题，并没有确定的共识性标准。在某些会议上达成共识可以形成利益集团，在某些活动上默认彼此的行动也可能形成利益集团。利益集团可以呈现显性的组织形式，也可形成隐性的组织形式。本书尝试把利益集团组织化程度分为四个等级：

（1）法定正式组织，经合法程序设立，有法定名称、常设机构、办公地点和规范的制度等。例如行业协会、社团、工会、专业学会、妇联、居委会、新阶层联合会①、消费者保护协会等。

（2）未经法定程序的契约型组织，有约定的名称、稳定的活动模式、有约束力的制度和固定或流动的活动地点等。例如企业家联谊会、同乡会、同学会、读书会、农民"减负委员会"等。

（3）没有固定的组织结构和名称的非正式组织，也包括以网络形式存在的虚拟组织②，但其成员之间存在有效的组织机制，能基于共同利益或共同兴趣形成集体行动。这类利益集团大多数是网络性、自助性、兴趣性以及临时性的组织，因某个临时事件或某具体过程而产生，也因这些临时因素消失而消失。例如网络声援组织、网络抵制组织、网络会员组织或网络群。还比如，即将进入分类表决程序的同一家上市公司的中小流通股股东，他们虽然人数众多、非常分散，但他们面对大股东某个提案时通常会具有共同利益和共同态度，并因为存在现场委托投票和网络自主投票两种有效的组织机制，而能够形成一个临时性的有威慑的利益集团。

（4）故意隐形的组织。这主要是非法的犯罪组织或有意隐瞒自己利益倾向的组织。有些利益集团之所以选择隐形，主要是为了避免引人瞩目，例如垄断行业中的大企业，如果它们之间形成显性的利益集团，将会遭到公众舆论的强烈抗议甚至是法律的介入。隐形是为了不让外面的人看清利益集团的组织结构，但其组织化程度和集体行动的效率却可能非常之高，犯罪集团组织的严密自不必说，垄断利益集团的效率也非常高。社会公众经常是明明感受到利益集团发出的威力，然而又抓不住实在的利益集团作用的证据。例如油荒、粮荒、煤荒、电荒或房产价格飞涨，虽然许多时候这些现象是正常的供求失衡造成的，但不能不承认有时候供求关系并没有大的变化，供求失衡也未必到了严重程度，但呈现的供给短缺的严重状态却让公众或相关企业很恐慌，随之而来的一般就是价格上涨和行政补贴的发生。

虽然由利益集团通过集体行动来表达和实现利益诉求比单个主体的独自行

---

① 重庆市2008年4月成立了全国首个新社会阶层专业人士联合会。按照重庆市统战部公布的信息，在首批158名个人会员中，律师为49人，占31%；注册会计师和资产评估师28人，占17.7%；广告专业人士26人，占16.5%；国土资源房屋评估和经济界人士19人，占12%；拍卖行业17人，占10.8%；其余为民营科技、外商、担保业等行业专业人士。

② 网络作为一种新的组织形态、有效的组织形式，其在某个具体事件或具体变革中发出的呼吁和抵制的声音，往往能够产生较大的影响，甚至能影响国家行政和司法部门的行动。

动更有影响力和效率，但是把个体组织成集团、由个人行动形成集体行动却是很困难的事情。例如由流通股东组成的利益集团，虽然成员协商一致在网络上对上市公司某个股权融资提案投反对票，但其中有些成员可能会忘记投票甚至因接受好处而投赞成票，这是很常见的情况。利益集团集体行动的效率高低与集团规模大小有关，规模越大的集团集体行动的效率越低，美国经济学家奥尔森的集体行动的利益集团理论将为我们揭示这里面的机理。由于小规模利益集团中个体成员参加集体行动的可能性较大，因此，“集团越大，它提供的集体物品的数量就会越低于最优数量”，存在“少数剥削多数的令人惊讶的现象”①。

2.2 利益集团概述

物以类聚，人以群分，人类可以根据各种需要组成不同的群体。人类社会学家发现，人类其实有着结社聚群的天性②。美国社会学教授塔尔科特·帕森斯认为：“在许多原始社会中，亲属关系主导了社会结构，不依靠亲属关系就能参加进去的具体结构几乎不存在”。而随着社会不断发展，“在更为先进的社会中，非亲属结构，例如国家、教会、大型企业、大学和职业社团扮演了更为重要的角色”。

2.2.1 利益集团的内涵

利益集团（interest group）是一个跨学科的综合性概念。跨学科概念是指这个概念可以同时被多个学科应用于研究。目前关于利益集团的研究主要渗透于政治学、社会学和经济学等多门学科之中。在政治学中，利益集团是影响政治民主和政策制定的重要因素，经常被称为压力集团、院外活动集团等；在社会学中，利益集团是影响社会结构和社会进化的重要因素，经常被泛化为利益群体或社会阶层；经济学一般是以个体决策作为分析的基础，把利益集团作为分析对象，是新制度经济学、博弈论和金融政治经济学等学科发展之后，才逐

① 曼瑟尔·奥尔森. 集体行动的逻辑. 陈郁，等，译. 上海：上海三联书店，上海人民出版社，1995：29.

② 按照意大利政治哲学家加特诺·莫斯卡的说法，人类有着一种“聚在一起与其他人群对抗的本能”，这一本能同时也是“在一个给定的社会、道德以及物质矛盾的条件下所出现的所有分裂和再分裂的原因”。

渐扩展的研究领域。而且严格说起来，现有的对利益集团的经济学分析，依然还是遵从主流经济学的研究范式。综合性概念是指这个概念是由“利益”和“集团”两个名词组成的复合词组，而利益概念和集团概念本身也是复杂和难以界定的，利益集团的内涵自然具有综合性的特征。关于利益的丰富内涵，关于集团与群体和阶层的区别，前面已有所阐释，此处不再赘述。国内外学者分别从不同的角度对利益集团作了界定。

2.2.1.1 国外学者对利益集团的界定

国外学者对利益集团概念的分析各有特色，有的侧重于集团性质和目标的分析，有的侧重于集团行动和组织的分析，有的给利益集团作用以积极的正面评价，有的给予消极的负面评价，不可能当然也不必要对各类利益集团的定义进行完备的列举。下面择其要者做简要介绍，以体会其丰富的涵义。

曾任美国总统的詹姆斯·麦迪逊被认为是美国第一个研究利益集团的理论家和政治家，他对利益集团的定义是“为某种共同的感情或利益所驱使而联合起来的一定数量的公民，不论他们占全部公民的多数或少数，而他们的利益是同其他公民的权利或社会的长远的和总的利益相左的”①。可以看出，麦迪逊对利益集团作用的评价是负面的，其存在将会损害其他人或社会的利益。

美国政治学教授戴维·杜鲁门在《政府进程》一书中，将利益集团定义为“利益集团是一个有着共同态度的、对社会其他团体提出要求的团体。如果通过政府或者向政府机构提出要求，它就成为政治性的利益集团”②。杜鲁门认为，利益集团是政治过程的基石，它并不图谋组建政府，只是致力于影响国家政策的走向。杜鲁门给利益集团作用予以积极的正面评价，其存在是社会良好运作的基础。

利益集团的政治理论一向有多元主义和精英主义之分。耶鲁大学教授罗伯特·达尔是多元主义政治学家，他在《美国的民主》是这么界定利益集团的：“从最广泛的含义上说，任何一群为了争取或维护某种共同的利益或目标而一起行动的人，就是一个利益集团”③。哈蒙·齐格勒是美国精英主义政治学家，

---

① 汉密尔顿，杰伊，麦迪逊．联邦党人文集．程逢如，在汉，舒逊，译．北京：商务印书馆，1997：47．麦迪逊当时没有直接用利益集团这个名词，而是用派别来指称。

② David B Truman. The Govermental Process：Political Interests and Public Opinion. New York：Alfred A. Knopf. 1951：37。与杜鲁门观点极其相似，《布莱克维尔政治学百科全书》几乎给出了完全一致的定义：利益集团是“致力于影响国家政策方向的组织，它们自身并不图谋推翻政府”。参见［英］戴·米勒．布莱克维尔政治学百科全书．北京：商务印书馆，1980：46－48.

③ Robert B. Dahl ：Democracy in the United states，4thed，Houghton Mifflin Cor. Boston，1981：235.

他认为利益集团是“一群人自觉地联合起来，加强自己的力量，在同本组织有关的问题上商讨共同的对策并且为达到自己的目的而采取行动”①。多元主义者把利益集团视为平等独立民主的利益主体，精英主义则强调利益集团之间和利益集团内部的精英与普通民众作用的差异②。

经济学家们对利益集团的定义似乎并不特别感兴趣③，奥尔森在其名著《集体行动的逻辑》中甚至没有对利益集团下一个明确的定义，在书中利益集团似乎被显而易见地视为“有共同利益的个人组成的集团，这个集团的成员将为他们共同的利益而行动”，然而奥尔森整本书都在论证集团成员要想形成集体行动是如何困难。公共选择理论派的经济学家认为，利益集团是指在社会中居于特殊的共同地位，有特殊的共同利益，因而对政府的政策目标具有特殊的偏好的人群。利益集团作为一种具有一致性利益方向的特定群体，对政府的政策往往具有特定的偏好，因而可能会通过各种途径向政府施加压力，以谋求政府的政策有利于其利益的实现。

2.2.1.2　国内学者对利益集团的界定

国内学者对利益集团概念也有许多不同的认识，而且对这个概念内涵挖掘得比较深入和全面。我们也还是大体按照政治学和经济学两条脉络来梳理。

中国人民大学政治学教授毛寿龙认为，“在政治生活中，利益集团是人们为了通过影响政府决策而维护共同的利益和实现自己的主张而结成的集团。利益集团的存在表明，个人是软弱的，它无力以自己的力量支付保护自己的利益和实现自己的主张所需要的交易费用。同时也说明，国家组织不可能洞察并满足所有个人的利益保护要求，而政党组织也无法代表社会上的所有个人的利益，尤其是局部的利益。”④ 中央政策研究室主任、政治学者王沪宁将利益集团视为“在政治共同体中具有特殊利益的团体，他们力图通过自己的活动来实现自己的特殊利益”⑤。南开大学政治学教授朱光磊在《当代中国社会各阶

---

① 托马斯·戴伊，哈蒙·齐格勒. 民主的嘲讽. 孙占平，等，译. 北京：世界知识出版社，1991：42.

② 此外还有一些比较简单的利益集团的定义。开创美国结构与功能政治学的阿尔蒙德对利益集团的看法比较超脱，他认为所谓利益集团仅仅是指“因兴趣或利益而联系在一起，并意识到这些共同利益的人的组合”。[美] 加里不埃尔·A. 阿尔蒙德，等. 比较政治学：体系、过程和政策. 曹沛霖，等，译. 上海：上海译文出版社，1987：200.

③ 美国经济学乔·B. 史蒂文森认为利益集团是“一个由拥有某些共同目标并试图影响公共政策的个体构成的组织实体”。参见乔·B. 史蒂文森. 集体行动的经济学. 上海：上海三联书店，1999.

④ 毛寿龙. 政治社会学. 北京：中国社会科学出版社，2001：233.

⑤ 王沪宁. 比较政治分析. 上海：上海人民出版社，1987：116.

层分析》一书中，分析了利益群体与利益团体的区别，这里“利益团体”实际上就是利益集团。利益群体虽然有共同的利益诉求，但不一定有共同的组织化的利益行动。“当利益诉求相同的人组织起来，采取共同的行为以影响政府政策、维护和追求团体利益的时候，他们就构成了利益团体。”①

经济学家厉以宁1996年在《转型发展理论》中注意到利益集团在经济转型中的作用，他认为利益集团是个不明确的概念，它是与经济利益目的相联系的一种无形组织。所谓利益集团是指这样一些人：“他们彼此认同，有着共同或基本一致的社会、政治、经济利益的目的，因此他们往往有共同的主张和愿望，使自己的利益得以维持或扩大。”② 张宇燕是国内少有的充分运用利益集团理论研究中国经济制度变迁的经济学家，他认为利益集团“是由一群拥有共同利益的，在社会中占少数的人组成的团体，其目的在于力求通过对国家立法或政府政策的形成与执行施加于己有利之影响，以期最便捷地实现自身的利益”③。

此外，还有许多学者对利益集团概念进行了有益的探索，包括法学和社会学角度的分析。中国社科院法学所教授钱弘道在《法律的经济分析工具》一文中，从“具有相同利益的社会群体组织起来，实施有计划的行为以达到共同的目标，是介于现代国家与市场之间的社会组织形式与调节机制”的这一层面上来界定利益集团④。中央党校党史部的贺艳青认为“利益集团是那些为追求共同利益而采取一致行动的个人联合体，其行动绝大多数是通过各种方式影响政府决策过程以保护或扩大自己的利益，因而也被称作压力集团”⑤。国家科技部研究员赵延东认为利益集团是“由一群拥有共同利益的，在社会占少数的人组成的团体，其目的在于力求通过对国家立法或政府政策的形成与执行施加于己有利之影响”⑥。济南大学经济学院教授俞宪忠认为“所谓利益集团，就是处于特定的分工领域，在社会再生产过程中由若干相似的劳动特点、谋生手段、经济地位、利益取向和消费层次，并具有相似的政治素质、文化修养、价值判断、职业心理和行为习惯的相当数量规模的社会成员构成的社会群体”⑦。汪永成等认为利益集团是指“客观上具有共同利益基础、主观上意识

---

① 朱光磊，等．当代中国社会各阶层的分析．天津：天津人民出版社，2007：514.

② 厉以宁．转型发展理论．上海：同心出版社，1996：233.

③ 张宇燕．利益集团与制度非中性．改革，1994（2）：98.

④ 钱弘道．法律的经济分析工具．法学研究，2004（4）.

⑤ 贺艳青．当代西方利益集团对政府的影响及评价．探求，2003（1）：46－47.

⑥ 赵延东．利益集团与国有企业改革．经济体制改革，1997（6）：66－69.

⑦ 俞宪忠．关于利益集团分析的若干问题．山东师大学报：社会科学版，2000（2）：104－106.

到这种共同利益的存在、在现实中以联合的方式自觉追求和维护这种共同利益的社会群体”，其特点是群体性、自愿性、自觉性、组织性、目的性和非政府性。其中自觉性是指集团成员意识到共同利益的存在，是一种由于利益地位相同所形成的“心理认同体”①。

依据上述对利益集团的定义，可以综合出一种具有较大包容性的看法：利益集团是一个社会中部分具有共同利益的社会成员因利益聚合而形成的特殊组织，这个组织通过某些集体行动的方式影响其他组织或政府的决策，来表达和实现集团成员的共同利益。我们可以把利益集团内涵抽象为三个要素：共同利益、组织化、集体行动。成员的共同利益是利益集团存在的前提，否则不同个体的聚合就缺乏基础；组织化是利益集团形成和存在的保障，否则分散的个体就不能凝聚为一个行动集团；集体行动是利益集团的作用机制，通过集体行动来表达和实现成员的共同利益，而不是让成员去单独行动。

因此，本书对利益集团的定义是：利益集团是指在一个社会中或某个具体变革过程中那些具有共同利益的人们组织起来的、以集体行动的方式来影响其他组织或公共部门决策的联合体。需要指出的是，上述定义里“在一个社会中或某个具体变革过程中”是说明，某些利益集团可能是一个社会发展中长期存在的，例如银行业协会、房产商联系会等。但有些利益集团可能只是短暂存在于某个变革过程之中，例如股权分置过程中的非流通股股东，国有银行股份制改造过程中引入的境外战略投资者等，这些利益集团在变革过程结束之后身份就随之发生变化，不再作为利益共同体而存在了。

2.2.2 利益集团的分类

由于利益概念的丰富内涵与外延，由于集团的组织形态与组织形式各不相同，利益集团在现实社会中呈现形态各异、复杂多变的组织特征，可以按照很多角度和标准来划分，我们选择主要的利益集团类型加以介绍，并且要考虑与后面金融领域利益集团的分析相联系。

2.2.2.1 按照利益的性质可划分为：经济利益集团、政治利益集团和公共利益集团

（1）经济利益集团是为了表达和实现特定群体的经济利益诉求而组织起来的，一般其追求的利益是有形的、可货币化的。经济利益集团既有常设性的

---

① 汪永成，黄卫平，程浩．社会利益集团政治化趋势与政府能力建设．武汉大学学报：人文科学版，2005（1）：75.

大公司、各类商会、行业协会等，例如美国的“全国农场主联盟”等。也有自然垄断经济部门、行政垄断经济部门等经济组织，例如电信、电力、石油或房地产商等获得垄断收益或暴利的企业利益集团。此外还有临时组织起来的一些利益集团，例如我国一度引起争议的温州炒房团。

（2）政治利益集团是为了表达和实现特定群体的政治利益诉求而组织起来，其利益诉求指向基本人权、政治地位和公共决策权等。例如妇女组织、未成年人组织、消费者协会、残疾人联合会和种族、民族组织等，例如美国的“全国促进有色人种协会”。此外，政党也可以视为是有组织的政治利益集团。

（3）公共利益集团的利益诉求不是某些个体或群体的需求，而是整个社会的公共利益。例如环保组织、纳德组织和“共同事业”组织①等等。

2.2.2.2 按照利益主体可划分为：劳工利益集团、专业利益集团、企业利益集团、其他特定群体利益集团

（1）劳工利益集团的利益主体是企业员工，为了更充分地保护自身利益，同一行业的众多企业劳工组织联合起来成立本行业的全国性组织，例如“联合矿工工会”，甚至建立了综合性跨行业的全国劳工组织，例如中华全国总工会。

（2）专业利益集团②的利益主体是专业性从业人员，这些职业的专业性很强，职业要求较为严格。例如医学协会、律师协会、注册会计师协会等。专业利益集团为了保护成员的利益，制定了强制性职业标准，任何人都必须经过专业审核，才能够取得开业的资格。

（3）企业利益集团的利益主体是企业。随着现代工商业的发展，商品流通区域不断扩大，价格波动和竞争加剧，企业之间需要一种协调机制来维护它们的共同利益，于是成立了许多行业内或跨行业的企业利益集团，例如美国的全国制造商协会，中国的钢铁工业联合会等。

（4）其他特定群体利益集团包括种族和民族利益集团、股东利益集团、妇女利益集团、业主委员会、老年人利益集团、退伍军人利益集团、地方政府利益集团以及外国利益集团等等，特定利益集团的种类因各种社会情况、变革

---

① 纳德组织是美国最有影响力的公共利益集团，由拉尔夫·纳德领导于20世纪60年代成立，主要从事维护消费者利益的公益活动，其活动范围包括消费、环境、卫生、科学、能源和规制等。“共同事业”组织是美国最大的公共利益集团，由约翰·加德纳推动于1968年成立，主要集中在政府和机构改革方面。

② 在美国有两个影响较大的专业利益集团，一个是1847年成立的美国医学协会，另一个是1878年成立的美国律师协会。

过程而存在，其类型不胜枚举。例如“美国主要犹太人组织主席会议”、“妇女联合会”、“城市联盟”、“南方基督教徒领导会议”等等。这些利益集团的组织者都是其代表的利益主体的代言人。

2.2.2.3 按照利益集团组织化程度可分为：组织完备的利益集团、组织松散的利益集团、非正式组织形态的利益群体

（1）组织完备的利益集团具有严密的组织结构和明确的分工，有特定的利益诉求表达渠道，并能以有效的方式追求集团利益。这类利益集团一般都是常设性机构，有稳定的组织形态和管理制度。例如村民、居民或业主的自治组织，以及工商联、消费者协会、银行业协会等承担部分行政管理职能的各种管理协会。

（2）组织松散的利益集团一般没有完备的组织形态或固定的组织架构，也没有明确的组织分工，但各成员对其自身利益或共同利益的认知程度也比较高，通常能够墨守集团内的“潜规则”，必要时也能自愿、主动地组织起来协同行动。例如上访群体、网络组织、民间组织和某一领域的腐败群体等等，都具有结构松散的特征。

（3）非正式组织形态的利益集团，虽然成员具有共同的利益，但既没有稳定的组织形态，也没有有效的组织方式，只是松散地、自发地、临时性地“结伙”，通过某种共同行动的方式来表达其特定的利益诉求。

2.2.2.4 按照集团实力或影响力大小可划分为：强势利益集团和弱势利益集团

（1）强势利益集团的特征是组织程度高、实力强或影响力大、利益表达及实现机制有效率，他们的集体行动在很大程度上能够左右政府的公共政策甚至国家的立法，从而使其利益得到法律和制度上的保障。有些强势利益集团在某些政策的制定中，能对行政部门施加强大的压力甚或给予极大的利益诱惑，使得政府决策具有明显的偏向于强势利益集团的倾向。例如房地产商或电信运营商在中国就是很典型的强势利益集团。强势利益集团主要是权力精英和经济精英组成，正如美国历史学家查尔斯·比尔德所说：“在没有军事力量介入的情况下，政治权力自然且必然落入财产拥有者手中”①。

（2）弱势利益集团在上述几个方面都处于明显的劣势，集团组织的程度较低，动用各种社会资源的能力较差，而且他们没有话语权，缺少正常和畅通

① Charles A. Beard：The Economic Basis of Politics（New York：Aifred A. Knopf，1945），p103.

的利益表达渠道，他们在立法和政府决策的过程中通常被边缘化。

2.2.2.5 按照利益的实现方式可划分为：既得利益集团、中间过程利益集团和潜在利益集团

（1）既得利益集团是指在当前制度条件下能充分获得各种资源好处的利益集团，例如现有的官僚群体，企业在职的高管团队等。

（2）中间过程利益集团是指在制度变革过程中获得某些资源好处的利益集团。他们善于在一种制度向另外一种制度过渡的状态中把握机会、获取利益。中间过程利益集团具有机会主义的特征。谢平和陆磊（2003 年）在研究金融腐败问题时，提出了我国的“中间过程利益集团”的概念。

（3）潜在利益集团是指制度变革完成后预期能从新制度获得各种资源好处的利益集团，潜在利益集团的利益获取不在现在而在未来，因此他们是推动旧制度向新制度转变的力量。

2.2.2.6 其他划分方式

（1）按照利益集团形成的基础可划分为：血缘性利益集团、地缘性利益集团和业缘性利益集团。血缘性利益集团是基于相同的血缘关系为纽带形成的家族式利益集团；地缘性利益集团是基于成员间空间或地理位置关系而形成的利益集团，主要有老乡会等形式；业缘性利益集团是基于成员间劳动与职业间的联系而形成的组织，如企业家联合会、律师协会和作家协会等。

（2）按照利益集团与政府的关系可划分为：合作性集团与对抗性利益集团。合作性利益集团与政府之间是协作、配合的关系，无论是自愿还是接受政府委托，利益集团能行使某些公共职能，提供特定的公共产品和服务，协助政府实现某些特定目标。对抗性集团与政府之间会产生利益冲突，或者是经济上损害公共利益、影响经济政策的制定，或者是政治上破坏国家与政府的现行秩序。

（3）按照利益集团的社会性质可划分为：合法的利益集团和非法的利益集团。合法的利益集团是通过合法程序组织起来、得到国家法律法规许可的利益集团，例如经民政管理部门注册的社团；非法的利益集团，则是指未经政府审批的、没有合法身份的利益集团，例如黑社会组织、帮会、宗法组织、非法宗教、迷信组织、地下传销组织等。

（4）按照利益集团存续时间的长短可划分为：常设性利益集团与临时性利益集团。常设性利益集团一般有稳定的组织形式和较长的存续时间，是社会运行的常规性组织；临时性利益集团或者是针对某个具体过程而存在的，例如股权分置过程中不同的利益集团会为了支付对价的利益而博弈，但一旦股权分

置改革结束，这个过程中形成的利益集团就不复存在了。

（5）按照利益集团的规模可划分为：小型利益集团、中型利益集团、大型利益集团。不同规模的利益集团组织形态不同，集体行动的效率不同，因而其实力和影响力也会大不相同。

2.3 利益集团理论综述

关于利益集团的理论研究可以从多学科角度进行，诸如政治学、法学、社会学和经济学等，本书主要侧重于从政治学和经济学两个角度进行梳理。因为政治学和经济学对利益集团的理论研究比较完整和系统，法学和社会学比较侧重对与公平正义有关的社会利益、与社会结构有关的社会阶层的研究，直接针对利益集团的研究并不多见，且并未形成完整的理论框架。利益集团理论关系图如图2-2所示：

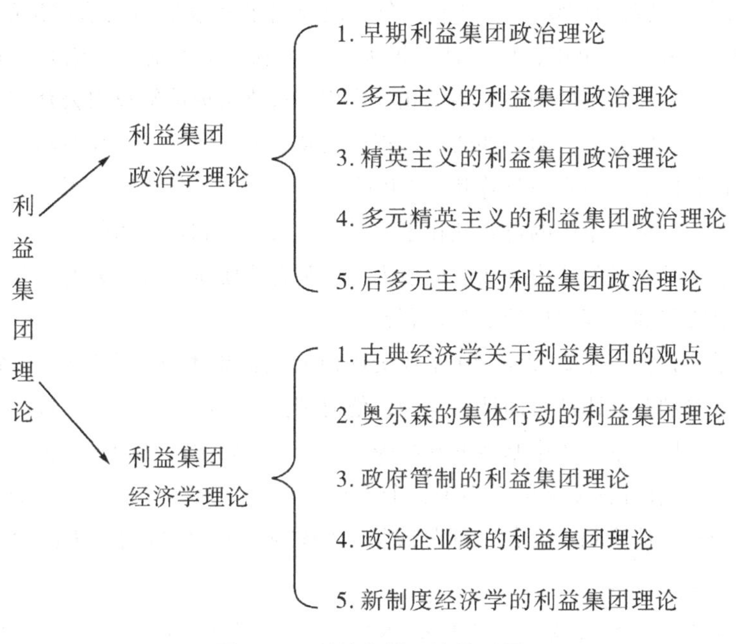

图2-2 利益集团理论关系图

2.3.1 政治学角度的利益集团理论

政治学研究的是在制度均衡状态下的利益集团，假定政府的角色是在利益集团之间寻找平衡。在美国，利益集团的发展较早，并迅速发展成熟，因此关于利益集团的政治理论内容丰富。这些理论反映了理论家们对利益集团政治的不同看法，从不同侧面反映了政治生活的现实。

2.3.1.1 早期利益集团政治理论

詹姆斯·麦迪逊被称为美国“宪法之父”，早在美国制定宪法的时候，他就认识到派别或利益集团的存在，给政府带来了“不稳定和不公平的影响”。他以个人的利益作为分析的出发点，得出利益集团的活动是“美国政治发展之动力”① 的结论。他认为美国是建立在利益集团基础上的社会，政策的制定是利益集团竞争的结果，多数利益集团可能会在获得权力后损害少数利益集团的权利。因此，政府应当起两个方面的作用：一是缓冲器作用，即政府协调各种利益集团的关系；二是控制利益集团之间的竞争所带来的弊端。

亚瑟·本特利是20世纪初第一个系统提出了利益集团政治理论的学者。在《政府过程》一书中，他把社会视为是各类利益集团的复杂组合，政府过程表现为一种经常性的利益集团的相互作用，最终形成能够反映公众需求的政策。公共领域的一切方面，如法律过程、政党、公共舆论乃至政府本身，都是通过利益集团的力量在发挥作用，“排除了集团现象，便无所谓政治现象”②。本特利认为，利益集团的重要性在于它具有代表性，利益集团的政治影响取决于它代表某种利益的能力，政府应该去了解利益集团所代表的人群和利益，以便政府过程能够实现更广泛的公众利益。

戴维·杜鲁门是20世纪50年代美国研究利益集团政治理论的著名学者，与麦迪逊对利益集团的负面评价不同，他对利益集团给予积极的评价，认为利益集团是美国民主过程中基本的和积极的成分。他将集团视为观察世界和社会的出发点，“在任何复杂的社会中，个人较少直接受到社会整体的影响，而较多地不同程度地受到社会各个部分或集团的影响”③。杜鲁门将美国政治和政

---

① 汉密尔顿，杰伊，麦迪逊. 联邦党人文集. 程逢如，在汉，舒逊，译. 北京：商务印书馆，1997：48－49.

② Arthur Bentley：The Process of Government. Cambridge，Belknap Press of Harvard Universty Press，1967：205.

③ David B Truman：The Govermental Process：Political Interests and Public Opinion. New York：Alfred A. Knopf. 1951：15.

府描绘为不同利益集团相互作用和讨价还价的复杂的结合物，利益集团是各个层次政府过程的核心。杜鲁门对集团民主抱有一种理想化的信念，认为政治利益集团是民主的基础。利益集团的组织特征是它表现出来的在原则上和目标上的凝聚力，集团组织会自然地采取一种民主的模式，以免内部发生分裂或使组织行为失去效力。同时，他认为利益集团对利益的追逐具有内在约束机制，因为一方面多数利益集团的成员同时也是其他不同利益集团的成员，这种成员关系的交叉性，有助于控制对集团特殊利益的追求；另一方面如果利益集团过分追求其特殊利益，就会有潜在集团进行抵制，使得利益集团不敢索取过多。

2.3.1.2 多元主义的利益集团政治理论

美国的多元主义利益集团政治理论产生于20世纪50年代，与本特利和杜鲁门的理论一脉相承①。该理论认为，多元化社会中的利益分化导致了代表不同利益的集团的出现，集团在现代社会中具有重要作用，它是民众与国家政体之间的中介，政治权力的分配和政策的构成源于竞争着的利益集团的不稳定平衡，公共秩序也是集团力量相互作用的结果。多元主义主张所有的利益集团相互平等，彼此独立，不存在隶属关系，不存在等级差异。在体制内都有平等的机会影响政府决策，不是由等级式权力精英掌控政治过程，而是由多元化社会结构中众多代表不同利益的集团通过竞争获得。利益集团通过对抗性竞争来实现利益目标，多中心的权力结构的基础是竞争性利益集团。同时，多元主义理论认为集团对于政治过程的涉入仍然需要受到某种控制，当集团利益与公共利益相悖时，利益集团有责任做自我调整；利益集团之间的对抗性竞争，也构成了相互制约。管理社会的政府处于分散的权力结构中，其身份是一个独立的仲裁者，要对利益集团之间的冲突进行调解或做出公正的仲裁。多元主义的理论家们更多地从积极的方面看待集团，认为集团的存在有利于政治制度。

2.3.1.3 精英主义的利益集团政治理论

精英主义是一种与多元主义相对立的利益集团政治理论。该理论的基本观点是：虽然美国确实存在许多相互竞争的利益集团，但实际上控制着美国政治和重要决策的是精英而不是平等的利益集团。精英主义认为，在任何社会中，由于个体禀赋、机遇和努力的差异，精英的产生是不可避免的，而政治社会化成为精英发挥作用的重要因素。在政治社会化过程中，组织的存在成为一种需要，它是精英们推广其价值理念、确立符合自己利益的价值体系的制度安排。掌控利益集团的精英将其价值观传递给其成员，成员在集团的行动中逐步接受

---

① 谭融．美国的利益集团政治理论综述．天津大学学报：社会科学版，2001（3）：9－10.

这样的价值观，如此就达到了价值社会化的目标。在美国绝大多数利益集团产生于中上等社会阶层，所以仅有利益集团之间的竞争，并不能保证一个民主体系的产生和存在。社会底层处于美国政治的边缘，底层声音很难反映到政府决策层面，美国事实上正是由少数精英集团主宰的。

2.3.1.4 多元精英主义的利益集团政治理论

该理论是上述两个理论的调和。该理论认为，在美国权力虽然是分散的，但这种分散并不是广泛地被分享着，而是分散在许多不同的精英手中，每个精英倾向于控制一个公共决策领域，构成了多元精英主义①。正如G. 大卫·格尔森所主张的那样，“美国政治既不是集团理论的市场，也不是简单的精英理论的协同作用。如果是精英主义，那也是一种多元定义的精英主义；换言之，如果是多元主义，它也是一种有利于精英的多元主义”。精英们为美国政治设定日程，因为他们支配着美国的公共机构和利益集团；集团则通过相互间的斗争以影响政府对国家日程的设定和安排。

2.3.1.5 后多元主义的利益集团政治理论

该理论是20世纪70年代末在反对多元精英主义的基础上产生的理论。该理论认为对公共政策有重要的影响的是利益集团而不是精英。是什么因素导致精英对政府决策的影响下降了呢？后多元主义认为有以下几种相互作用相互抵消的因素：一是有组织的经济精英之间的经常性的相互制约作用，例如处于产业链上下游的企业有着不同的利益取向，往往在减少进口配额和扩大进口配额上同时进行游说；二是各种不同的公共政策领域相互交叉，使得决策涉及面极广，单独的精英很难左右这样的公共决策；三是政府作为赞助人的作用，由于政府通过拨款和补贴支持了许多组织，这些组织在许多决策过程中将会支持政府而不是精英；四是社会运动的作用，环保运动、妇女运动、民族运动、宗教运动等社会运动是抵消和对抗精英的非常重要的力量。

2.3.2 经济学角度的利益集团理论

经济学家研究的利益集团理论侧重于其在制度变迁过程中的作用。应该说，与政治学相比，同样是对利益集团的研究，同样会涉及政治过程、政策制定、集团行为等，但经济学有自己独特的分析方法，有自己独特的分析视角，形成的理论有着自己的特色。经济学通常采用数理分析方法，通过构造模型，去解释和验证为什么理性的个体会形成有组织的集体行为，利益集团对社会福

① 谭融．美国的利益集团政治理论综述．天津大学学报：社会科学版，2001（3）：11.

利产生怎样的影响，特别值得一提的是，利益集团之间的博弈被视为是经济制度变迁的重要影响因素。下面从古典经济学、管制经济学和新制度经济学等几个方面来梳理经济学角度的利益集团理论。

2.3.2.1 古典经济学关于利益集团的观点

古典经济学以完全竞争市场为背景，研究分散的个体的独立决策如何导致资源有效配置，对于利益集团的观察和分析仅仅是市场理论的一些点缀而已①。早在200多年前，亚当·斯密在谈到当时的资产阶级时就曾指出："扩张市场，缩小竞争，无疑是一般商人的利益……因此，这一阶级所建议的任何新商业法规，都应当十分小心地加以考察。非小心翼翼地、抱着怀疑态度作了长期的仔细检查以后，决不应随便采用。因为他们这般人的利益，从来不是和公众利益完全一致的。事实上，公众也常为他们所欺骗所压迫。"②

那么从古典或新古典经济学家来看，利益集团是怎样产生的呢？经济学遵从的是个人主义方法论，理性人是经济学研究的基本假设，利益集团的产生是个人追求其自身利益最大化的自然结果。因为当理性的经济人认识到集体行动可以比个体行为更能促进个人利益的时候，人们就会产生对集体行动的需要，于是利益集团便产生了。其直接推论就是集团成员会从自身利益最大化出发采取一致的集体行动来实现他们共同的或集团利益，集团或组织的存在是为了谋求个人不能通过他的纯粹个人行动来增进的那一部分利益。

2.3.2.2 奥尔森的集体行动的利益集团理论

美国经济学教授曼瑟尔·奥尔森1965年在《集体行动的逻辑》一书中提出，利益集团是由个体组成的，对它的研究也应该以个体为基础，但理性人对个体利益的追求并不能自然地导致利益集团的产生和形成一致的集体行动（collective action）。他认为，集团或组织的基本功能是向其全体成员提供不可分的、普遍的利益，这种利益是一种具有非排他性的公共物品。这种集团利益的共有性意味着，任何单个成员为这种共同利益做出的贡献或牺牲，其收益必然由集团中的所有成员所分享，这种不对称的成本收益结构极易导致其他成员"搭便车"（free riding）的行为。奥尔森得出结论："大集团或潜在集团不会受到激励为获取集体物品而采取行动，因为不管集体物品对集团整体来说是多么珍贵，它不能给个体成员任何激励，使他们承担实现潜在集团利益所需的组织

---

① 张驰，杨帆．利益集团理论研究．学习与实践，2007（8）：82.

② 亚当·斯密．国民财富的性质和原因的研究：上卷．北京：商务印书馆，1994：242－243.

成本，或以任何其他方式承担必要的集体行动的成本。”① 所以并不总是“人多力量大”。

他的推论是小集团比大集团更有效率，在集体行动时更有优势，代表少数人利益的“特殊利益集团”② 往往可以攫取大多数人的利益。因为，第一，集团越大，增进集团利益的个人在集团总收益中占有的利益份额就越小，增进集团利益的活动所获得的报酬就越少，这样即使集团能够获得一定量的集团物品，其数量也会大大低于其最优水平。第二，由于集团越大，任何一个成员在集团总收益中占有的利益份额就越小，他们从集体物品获得的收益就越不足以补偿他们为集体物品所付出的成本。第三，集团成员的数量越大，组织成本越高，因而为获得集体物品所需要跨越的障碍就越大。为了解决大集团的行动效率问题，奥尔森还提出了“选择性激励”（selective incentives）的方法，来有效地动员和激发利益集团潜在的力量。有选择的激励就是对集体成员区别对待，赏罚分明，既可以是积极的激励和消极的激励。换言之，既可以通过惩罚那些没有承担集团行动成本的人进行强制，也可以通过奖励那些为集体利益做出贡献的人来进行诱导。

1982 年奥尔森在《国家兴衰探源》一书中分析了利益集团与经济绩效的关系，提出了一个重要的假说：利益集团会阻碍投资和资本积累，因而不利于经济增长。任何集团或组织在原则上都可以通过两条途径为其成员谋取福利：或者使全社会的生产增加，从而使其成员按原有份额取得更多的产品；或者在原有的总产量内为其成员争取更大的份额。由于小规模的“特殊利益集团”是一种分利集团③，往往热衷于收入再分配而不是创造财富，其非生产性的政

① 曼瑟尔·奥尔森. 集体行动的逻辑. 陈郁，等，译. 上海：上海三联书店，上海人民出版社，1995：40－41. 奥尔森对“潜在集团”特点的描述是：如果一个成员帮助或不帮助提供集体产品，其他成员不会受到明显影响，也没有理由做出反应，因此他就不会受到激励去做贡献。监督成本极高的大集团一般是潜在集团，因为它有采取集体行动的力量和能力，但这种潜在能力只有在实行选择性激励之后才能被动员和激发出来。

② 奥尔森的“特殊利益集团”是指小集团，代表的是少数人的狭隘的“特殊利益”。“特殊利益”与“人民利益”相对应，前者是有组织的、积极的利益，后者是无组织的、无保护的利益。

③ 奥尔森的“分利利益”是指以重新分配收入为目标、以期在社会总收益中为本集团争取更大份额而采取集体行动的集团。分利集团的存在将使得决策迟缓，技术进步受阻，经济效率下降。

治活动耗费资源，降低了经济效率①。

2.3.2.3　政府管制的利益集团理论

管制是政府干预经济的一种形式，管制的直接对象就是市场中活动的各类利益集团。为什么需要政府管制经济呢？原因有二：一是市场失灵。由于市场机制在外部性、公共产品和自然垄断等方面的配置失效，政府能够在这些领域对市场失灵发挥纠正作用；二是政府天然是公共利益的代表，政府干预经济的目的是增进整个社会的福利水平，没有其他任何主体比政府更适合在公共领域进行公平决策。但是对政府管制的质疑也正是从这两个方面展开的。首先由于交易成本和信息不对称的存在，政府的管制政策也可能是失败的，政府失灵不一定比市场失灵带来的危害小。其次，政府未必是公共利益的代表者，其效用函数除了公共利益之外还包括个人的私利，因为管制政策是由具体的官僚制定和执行的。因此，在政府管制之下，利益集团可以展开一系列的活动来影响政府管制政策，从而为本集团争取到更好的竞争地位，获取更大的集团利益。早在19世纪，制度经济学家加尔布雷思在《新工业国》中就分析了大工业寡头对政府政策导向的影响和作用。

政府管制的利益集团理论可以分为两派：芝加哥学派和弗吉尼亚学派。芝加哥学派主要是在奥尔森的理论基础上，通过模型去刻画和描述利益集团内部的行为，其利益集团理论也叫“俘获理论”（the capture theory of regulation），即利益集团通过活动来俘获管制决策中的政府。其理论代表人物包括施蒂格勒、配兹曼、贝克尔、波斯纳等。弗吉尼亚学派以公共选择理论出名，其利益集团理论也可叫“寻租理论”（The Rent - seeking Theory），主要从寻租角度证明利益集团对社会福利的负面影响。其理论代表人物包括克鲁格、托里森、塔洛克和布坎南等。

芝加哥学派的利益集团理论产生于20世纪60年代后期，施蒂格勒在利益集团如何影响公共政策方面作了开创性的研究。管制中的利益集团主要包括代表现有厂商利益的生产者利益集团、代表潜在厂商利益的进入者利益集团和消费者利益集团三方。假定管制中的政治决策人和利益集团都是追求自身利益最大化的理性人，政治决策追求政治利益最大化，同时维持获益集团和受损集团的一定水平的平衡；利益集团支付两种成本，一是俘获政治决策人的外部成

① 在1992年为森德勒《集体行动：理论与应用》一书所写的前言中，奥尔森教授将“集体行动的逻辑”一般化为“经济学第二定律”，即“人人为自己，社会将更差”，以与“人人为自己，社会将更好”的“经济学第一定律”相提并论。

本，二是集团内部组织成本。其主要结论是组织成本是决定利益集团净收益的内生变量，小集团比大集团有优势，因此管制政策总是有利于较小的利益集团，这完全符合奥尔森的集体行动理论①。

弗吉尼亚学派的寻租理论是在20世纪60—70年代经济学家们在讨论垄断、关税和政府管制所造成的社会损失的过程中形成和发展起来的。政府的经济管制可能导致寻租的机会，经济学上租金是指资源获得的超过机会成本的收入，租金主要是管制政策带来的短缺或双重价格引起的。而寻租活动是对既得利益进行再分配的非生产性活动，它本身并不能增加社会的福利，却要耗费社会成本。图洛克认为政府管制的目标不再是社会福利最大化，而是一种租金的制度安排②。政府意在通过政治强制力对财富进行重新转移和分配，而推动政府进行管制设租的就是背后的利益集团。利益集团的寻租行为主要包括三种形式：一是通过游说或贿赂等手段直接获取租金；二是通过各种手段改变政策环境来间接获取租金；三是表面上进行生产性的投资活动，但其真正目的在于达到政府所确定的某种标准并据此获得政府的补贴性租金。特定利益集团为维护或攫取既得利益，往往不惜以给社会造成100元损失的代价来获取10元的利益，因为整个社会的损失会平均分摊到全体社会成员身上，而特殊利益只为利益集团成员所独占，这是塔洛克所提出的"赢者通吃"的规则③。

2.3.2.4 政治企业家的利益集团理论

根据奥尔森的集体行动理论，大集团比小集团更难获得集体利益，因而大规模的集团更难形成。但是现实情况却并非如此，20世纪60年代以后，在西方发达国家，无论是利益集团的总数，还是加入利益集团的总人数，都显著增加了。为弥补奥尔森集团理论的不足，美国公共选择学派的罗伯特·索利兹伯里等人在1969年提出了政治企业家理论。

---

① 配兹曼的模型分析的结论是管制政策的决策者将在竞争的利益集团中进行协调，而不总是偏向于某些利益集团；贝克尔模型分析表明如果管制发生在市场失灵领域，则利益集团的竞争有利于降低社会福利损失；波斯纳认为交叉价格补贴实质上是揭示了一些利益集团比另外一些利益集团对政治过程更有影响力，利益集团之间的竞争有利于提高社会福利的优势。

② Tullock, Gordon (1967), "The Welfare Costs of Tariffs, Monopolies, and Theft", Western Economic Journal, V, 224 - 232; Tullock (1971), " The Cost of Transfers", Kyklos, XXIV, 629 - 642.

另参见：Krueger, Anne O. (1974), "The Political Economy of the Rent - Seeking Society", American Economic Review, LXIV (3), June, 291 - 303.

③ Nitzan (1991) 的研究表明指出：随着利益集团数量的增加，寻租活动频繁，由此造成的社会福利损失增加，而且集团内分配越平均，社会福利损失越大。

首先，罗伯特·索利兹伯里提出了利益集团交换理论[1]，从另外一个角度解释了利益集团的形成。他认为利益集团的成员不是同质的，可分为两类：一是集团组织者或政治企业家，他们是第一行动者。他们投入资本，成立集团，吸引大家参加。二是普通成员，他们类似于消费者。两类成员都追求利益，而利益集团的形成正是两者的互利交换的机制。集团组织者可能是多目标的，投资回报是其中重要的部分，他们通常还能利用地位获得超额收益。许多集团政治行为源于集团领导者的私利。如果集团领导完全代表其他成员的利益，那他就不必花费那么多时间和资源来经营集团了。普通成员参加集团是一种交换，为了取得会员资格，通常要付出一定的代价，比如缴纳会费或参加集团的集体行动，加入集团后可以获得集团利益。

其次，我们来看政治企业家究竟想获得什么样的利益呢？被视作政治企业家的利益集团的组织者，一方面愿意为集体行动负担必要的成本，另一方面期望从集体行动中获得利润和利益。索利兹伯里认为，奥尔森模型强调的是物质利益而忽视了非物质利益，他们把利益分为三种类型：一种是物质利益（material benefits），这是一些有形的、看得见的并且具有排他性的利益；二是观念利益（expressive benefits），这是一种无形的、看不见的、与意识形态目标或价值取向联系在一起的利益；三是归属的利益（solidary benefits），参加集体行动可以使人获得一种归属感，享受社会化的利益。这些利益大多是与参与集体行动联系在一起，因此，大集团可以通过利益诱导有效地行动，并不一定要采取刺激性的手段或强制性的措施。

2.3.2.5 新制度经济学的利益集团理论

我们先看看著名的制度经济学家约翰·康芒斯的利益集团理论。他认为只有利益集团才是对美国经济政策最有代表性、有益影响最大的力量，组织利益集团的自由的重要性远甚于其他任何民主自由。他主张由每一个利益集团直接选举代表，选出的代表构成为国家的有效立法机构，他相信经济利益集团比那些以地域代表性为基础的立法机构更能代表人民。康芒斯认为，市场机制本身并不会给经济社会中的各个利益集团带来公平的结果，因为各个利益集团议价能力有较大差异，而政府的行动难以消除这种力量对比悬殊的状态。他在其最新的著作中写到："经济利益集团实际上已经称为美国人民的职业性议会，比

---

① Robert H. Salisbury (1969). An Exchange Theory of Interest Groups. Midwest Journal of Political Science, Vol. 13, NO. 1: 1-32.

按地域选举出来的国会有更真实的代表性”①。可以看出，康芒斯对利益集团的作用给予了极高的评价。

新制度经济学派20世纪70年代在西方经济学界迅速崛起，利益集团成为研究制度演进过程中的一个重要分析单元。诺斯和戴维斯等人在经济史研究中专门研究了利益集团之间的博弈对经济制度变迁的影响过程。由于制度的非中性，他们认为，制度演进的方向与一个社会中利益集团之间的博弈过程及结果相关。因此诺斯说：“如果说制度是游戏规则，那么利益集团就是玩家。”从静态上看，制度演进的方向是由社会中处于强势地位的利益集团决定的。

如果说政治学研究的利益集团是在制度均衡状态下的利益集团，新制度经济学则主要研究制度变迁过程中利益集团的作用。诺斯和戴维斯1971年在著作《制度变迁与美国经济的增长》中提出了制度变迁的一般理论②。他们认为推动制度变迁的力量主要有两类利益集团：“第一行动集团”，是创新的利益集团，能意识到制度变迁带来的收益，它是对制度变迁起主要作用的利益集团；“第二行动集团”，主要是执行的利益集团，它是起次要作用的利益集团。制度变迁的一般过程可以分为以下几个步骤：①意识到潜在利益机会的第一行动集团开始形成；②第一行动集团提出有关制度变迁的主要方案；③根据制度变迁的原则对方案进行评估和选择；④形成推动制度变迁的第二行动集团；⑤两个利益集团共同努力推动制度变迁的进程。根据充当第一行动集团的经济主体的不同，可以把制度变迁分为“自下而上”的制度变迁和“自上而下”的制度变迁。所谓“自下而上”的制度变迁是指由个人或一群人，受新制度获利机会的引诱，自发倡导、组织和实现的制度变迁，又称为诱致性制度变迁；所谓“自上而下”的制度变迁，是指由政府充当第一行动集团，以政府命令和法律形式引入和实行的制度变迁，又称为强制性制度变迁。

2.3.3 中国经济学者对利益集团的研究

虽然当前中国谈论利益集团的经济学者越来越多，但是对利益集团进行经济学分析，或者运用利益集团理论对中国经济现象进行分析的研究并不多见，目前这方面的研究几乎全部集中在利益集团与中国经济制度变迁关系研究上。本节关于中国经济学者对利益集团的研究的梳理不包含三方面内容：一是非经

---

① Commons：Economics of Collective Action，passin，esp：33，59，33.

② 科斯，阿尔钦，诺斯．财产权利与制度变迁．上海：上海三联书店，上海人民出版社，1994：271－271.

济学的其他学科对利益集团的研究，因为随着本书往后推进，需要逐步集中在经济学领域内探讨问题；二是那些仅仅只对国外利益集团理论进行介绍，只对利益集团概念进行探讨，或者对利益集团进行价值判断的分析；三是金融领域对利益集团的研究，这部分内容暂不纳入是为了留待下一章分析中国金融制度改革与利益集团关系时再讨论。

中国经济学家中虽不是最早、但却是最系统地运用利益集团理论研究中国制度变迁问题的是张宇燕。1994 年他在《利益集团与制度非中性》一文中就提出了一个极富思想性的假说，“如果说在市场导向的经济中利益集团之活动对整个国民经济所起的多是负面影响的话，那么在一个由中央计划经济向市场导向经济过渡的国家中，或是在一个市场不甚发达的经济中，新兴利益集团带来的常常是正面效应。”① 1997 年张宇燕承接上述思想，运用奥尔森的集体行动的利益集团理论②，发表了《利益集团与“贾谊定理”：一个初步分析框架》，文中建立了一个利益集团共谋模型。其结论是：如果各个利益集团共谋倾向相同，随着利益集团总体规模的膨胀，利益集团数目的增多客观上会使公众福利提高；如果利益集团共谋倾向不同，中央政府应尽力促使利益集团的相对规模向共谋倾向较弱的集团倾斜。这就是“贾谊定律”③。盛洪将“贾谊定理”概括为“创造更多的利益集团是对付利益集团的良方”④。

胡汝银⑤（1992）在《中国改革的政治经济学》一文中，从改革的政治层面来展开经济学分析。他把经济制度变革的分析重点放在政治力量的结构和政

---

① 张宇燕．利益集团与制度非中性．改革，1994（2）：104.

② 在张宇燕和奥尔森的一次对话中，他们谈到中国的“文化大革命”，指出它虽然打碎了各种既得利益集团，但具有极大的破坏性。因此，如果清除既得利益集团的成本过高，容忍其存在或许是合理的选择。社会大震荡会造成现存利益结构的整合，而且多数情况是既得利益集团被削弱或摧毁，从而引发经济稳定快速增长。当奥尔森听到张宇燕谈起毛泽东的“从大乱到大治”的观点，提到毛泽东说过“文化大革命七八年来一次”，奥尔森一下子从沙发上站起来，严肃且认真地问张，毛泽东这话是在哪里讲的。当时张宇燕还不知道那句话是出自毛泽东 1966 年 7 月 8 日写给江青的一封信。时隔三年，张宇燕在一篇文章中根据奥尔森的逻辑写了一篇文章，认为中国改革成功的重要原因之一是在“文革”期间既得利益集团被极大地削弱，从而为改革开放铺平了道路。参见：张宇燕．跟奥尔森教授学习政治经济学//经济学与常识．福州：福建人民出版社，2005：145.

③ 孙广振，张宇燕．利益集团与“贾谊定理”：一个初步分析框架．经济研究，1997（6）：17. 贾谊是西汉初期著名的思想家和政治家，他提出了有名的削藩建议：“欲天下之治安，莫若众诸侯少其力”，参见：贾谊．治安策//汉书・卷四十八・贾谊卷第十八．郑州：中州古籍出版社，1996.

④ 盛洪．制度经济学在中国的兴起．管理世界，2002（6）.

⑤ 胡汝银．中国改革的政治经济学．经济发展研究，1992（4）.

治决策的结构上。其基本假定是：任何一组均衡的实际制度安排和权利界定总是更有利于在力量上占支配地位的行为主体集团。那么改革的方向、程度、形式和时间路径在很大程度上取决于拥有最高决策权的核心领导者的偏好及其效用最大化，改革过程中社会利益的增进是以核心领导者能获得更多的效用或满足为前提的。因此，在他看来制度变迁是否成功依赖于它们是否与特定时空中具有力量优势的利益集团对制度安排的需求相一致，只有当改革给优势利益集团带来的收益大于成本时，改革的阻力才会较小。

樊纲（1993）① 运用公共选择的理论及其分析方法探讨了改革的利益冲突及其解决方式，他把改革过程视为一个公共选择即非市场选择的过程。通过对不同利益集团的利益冲突的考虑，他区分了改革过程可能出现两种特征的结果："帕累托改善"和"非帕累托改善"。在此基础上，他研究了如何寻求改革成本最小化，也就是改革阻力最小的改革方式。其结论是制度变迁的方式取决于一个社会利益集团之间的权力结构和社会偏好结构。在涉及一些集团的既得利益时，改革的可接受性就变得很复杂，即便这项改革从长期看对大多数利益集团有利，目前阶段也可能不被接受。

杨瑞龙②（1998）等人提出了制度变迁三阶段论。该理论的最大特点是把地方政府作为独立的利益主体的特征和行为进行了很充分的研究。在制度变迁的中央政府和地方政府二元结构的基础上，他把具有独立利益目标与拥有资源配置权的地方政府引入制度经济学的分析框架，提出了"中间扩散型"制度变迁方式的理论假说。其结论是，我国经济体制在向市场经济转变过程中，制度变迁将依次经历"供给主导型"、"中间扩散型"和"需求诱致型"的三个转换阶段。

黄少安（1999）③ 提出了制度变迁主体角色转换假说。他认为制度变迁总是涉及不同的主体，包括集团和个人。不管什么主体参与制度变迁都有其目的，都有自己特定的利益形态和内容，面对同一制度变迁或不同的制度变迁，不同主体持不同的态度、扮演不同的角色。与诺思把参与制度变迁的利益集团分为"第一行动集团"和"第二行动集团"不同，他认为现实特定制度变革中，利益集团可能分成以下几个部分：赞成并参与者；赞成却不参与者即观望者；不赞成、不反对也不参与者即中立者；反对、阻挠者。如果动态地、大跨

---

① 樊纲. 两种改革成本与两种改革方式. 经济研究，1993（1）.

② 杨瑞龙. 我国制度变迁方式转换的三阶段论. 经济研究，1998（1）.

③ 黄少安. 制度变迁主体角色转换假说及其对中国经济制度变革的解释. 经济研究，1999（1）.

度地观察制度变迁和制度变迁主体，就会发现不同主体的角色是变化的或可转换的。角色转换就是指相关主体对制度变迁的态度以及在变迁中的作用、地位、行为等方面在原有基础上发生了变化，或者指变迁主体的变更，包括一些主体的解体和新主体的产生。

孙景宇[①]（2007）运用新制度经济学“第一行动集团”和“第二行动集团”，以及奥尔森“共容利益”和“狭隘利益”概念，分析了中国为什么比东欧和俄罗斯更成功地完成经济转轨。其结论是：在中国经济改革过程中，作为第二行动集团的地方政府不但没有出现掠夺国有资产的行为，反而伸出援助之手，通过组成集体行动造成非国有经济的持续进入和扩张，使制度变迁从调整逐渐走向制度创新。

应该说在利益集团与中国经济制度变迁关系研究上，中国的经济学者表现出了极高的智慧。他们在中国经济转轨时期具有丰富的学术研究资源的有利条件下，创造性地运用了西方的利益集团理论来解释中国的经济制度变革。相比于同时期其他社会学科而言，中国的新制度经济学在研究水平和成就上是进步最快的。

① 孙景宇．利益集团与制度变迁．江苏社会科学，2007（4）．

3　中国利益集团作用机制与金融制度改革

3.1　中国改革进程中的利益集团分析

下面将从分析中国社会结构的演变角度来分析中国社会利益集团的特征。之所以这么做，一方面是为了让研究中国的金融改革有一个更深厚的社会历史背景，不是就金融论金融；另一方面是因为，即使是从经济学角度研究利益集团，由于利益集团作用机制的特殊性，也还是需要借鉴社会学的一些研究成果。例如，在金融市场化改革中，受损的民众往往与既得利益集团发出同样的反对改革的呼声，并且由于民粹主义或平民主义的意识形态的强大力量，金融改革进程往往会因此受阻。

3.1.1　中国社会结构演变与利益集团

3.1.1.1　三层社会结构

按照清华大学社会学教授孙立平的社会学理论，一个社会完整的结构形态应该包括国家、中间阶层、民众三个层次的基本结构①，三个结构因子之间如果形成较为稳定的互动关系，那么这个社会结构形态就能平稳良好地运行。国家是指以主权为基础的权力机构，包括遍布全国的各级政府机构，具备完备的

① 孙立平. 改革前后中国国家、民间统治精英及民众间互动关系的演变. 中国社会科学季刊，1993（6）. 在该文中，作者用“国家—民间统治精英—民众”三层结构的分析框架，探讨中国改革前后社会结构演变的脉络。本书借鉴孙立平教授的思想，把民间统治精英划为中间阶层，将社会结构划分为“国家、中间阶层、民众”三个层次。

组织结构；中间阶层是由与国家机构中的权力精英相区别的民间精英①组成，是处于国家权力机构之外却能发挥治理职能的阶层。民间精英在社会生活中行使治理职能时所依赖的资源，不是由国家所赋予的行政性治理权，而是来自于财富、家族、声望、知识等派生的公共影响力；民众是处于三层结构最低层次的一个结构因子，结构非常松散。

在我国从封建制转变为现代国家体制过程中，社会权力不断发生分化，中国社会中的三层结构也不断演变，其变化主要体现在中间阶层上：

（1）19 世纪中叶之前的中国社会的中间阶层比较稳定，主要经历了两个阶段的主体变化：以世袭制为基础的中间阶层是贵族—地主集团；以科举制为基础的中间阶层是士绅—地主集团。

（2）19 世纪中叶以后至新中国成立之前的近现代社会中间阶层处于分解和多元化的非稳态阶段，中间阶层由多元民间精英组成，包括近代资本家、知识分子、新式军人和乡间豪绅。由于国家与民众的中介失去了原来的稳定性，社会开始急剧动荡，这一期间的中国一直缺乏能定型社会基本制度框架的力量，社会结构缺乏内在的稳定机制。

（3）新中国成立之后十一届三中全会前的中国社会的中间阶层被逐步消解。新中国的国家权力机构对社会资源实施全面控制和垄断，中间阶层急剧衰落。从没收官僚资本开始，到民族资本的社会主义改造，再到对中国传统社会中根深蒂固的家族力量以及对一般民众心怀敬仰的知识分子的打击和改造，作为中间阶层的民间精英则失去了生存空间，国家全方位获取了对社会中绝大部分稀缺资源的控制和配置权。因此，当时的中国社会便只剩下了两个结构因子：国家与民众②。在这样的社会结构形态中，存在普遍的平民主义的意识形态，反精英反知识成为普遍的潮流，“文革”中知识分子等精英阶层要参加劳动并接受工农改造。

---

① “精英”（elite）一词最早出现在 17 世纪的法国，意指“精选出来的少数”或“优秀人物”，是社会学的重要概念。精英理论认为，社会的统治者是社会的少数，但他们在智力、性格、能力、财产等方面超过大多数被统治者，对社会的发展有重要影响和作用，是社会的精英。其中极少数的政治精英代表一定的利益集团，掌握着重大决策权。意大利社会学家 V. 帕雷托把“精英”分为参与政府活动的“治理精英”和社会生活其他领域中的“非治理精英”。当代美国社会学家 C. W. 米尔斯把“精英”概念从政治领域推广到经济、军事等领域，涉及政治精英、资本所有者和管理层、官僚、知识分子等方面分析。

② 在这种情况下，传统的三层社会结构变成了两层结构。在这种模式中，国家的力量以历史上前所未有的深度和广度渗透于基层的社会生活。这种社会整合模式摧毁了个体的独立性和自主性，而同时平民主义或民粹主义却也相应获得生长的土壤。

（4）1978 年经济体制改革之后中国社会中间阶层重新生长和分化。在中国明确了市场化改革道路之后，市场配置资源的作用开始强化。随着国家对资源和社会活动空间控制的弱化，从体制内释放出不断分化的各个阶层，催生了一些新社会阶层，改变了各个社会阶层在整个社会结构中的经济社会地位和相互关系，一个相对独立的社会力量开始发挥作用，并重新耦合成新的三层社会结构。

在国家、中间阶层和民众的自上而下的三层社会结构下，中间阶层是利益集团形成的主要来源。中间阶层中存在许多知识精英和经济精英，他们是组织和形成利益集团的主要推动力量。从中间阶层形成的利益集团，作为国家与民众之间的中介，能较好地完成自己的政治、经济和社会等方面的治理功能。国家一般被视为是公共利益的维护者，是利益集团的协调人，但也可以看作是有自己独立利益的最强大的利益集团。按照奥尔森的“流寇定居论”的国家起源理论，国家被视为最大的利益集团①。在三层社会结构下，民众虽然具有共同的利益，但一般情况下难以独立形成属于自己的利益集团。即使在饥荒或社会动荡的战争年代，他们形成了自己的利益组织，但一般还是由中间阶层来领导，或者最终为中间阶层所领导。

3.1.1.2　三元社会结构

虽然改革开放之后逐步形成的新的社会结构，依然可以分为国家、中间阶层和民众三个层次，但并不是简单的回复原状，新的中间阶层也不再是单一形态的民间精英阶层，而是具备各种功能的多元化阶层。而且，与整个世界逐步进化的政治文明相适应，中国社会的三层结构之中，已经蕴含了市场和公民社会这两种与国家互相补充的重要因子，进一步蕴含了由等级鲜明的三层社会结构向民主平等的三元社会结构转化的契机。互联网络的快速发展加快了这一转变进程。

三层社会结构的划分，主要是从国家治理机制角度的分析，但是现代社会更注重平等主体之间的相互协调与制衡，而不是强调不同阶层之间的等级差异，国家治理也并不以层次高低或等级高低为基础。因此，把阶层概念作为社

① 奥尔森通过形象的犯罪比喻“坐寇—流寇论”提出了他的国家起源理论“流寇定居论”。这一思想得益于一本关于冯玉祥的传记。书中介绍了冯玉祥带领二十万北洋大军围剿“白狼”，受到百姓拥戴。“白狼”是民国初年的农民起义军，被官府视为西北流寇，冯玉祥则是统治西北的军阀，是盘踞一方的“坐寇”。流寇偶尔来抢，得手就走，而坐寇却反复掠夺同样的人。为什么民众宁愿接受坐寇的统治？奥尔森认为，存在一帮流动匪帮，到处抢掠。后来这帮流寇发现通过在一定的区域征税，对该地区提供保护等公共产品，可以得到更多的利益，于是他们就选择定居下来，制定规章制度，严格保护成员的产权，防御外来者掠夺该地区。这样国家就产生了。

会结构分析单位是更好的选择。阶层概念比较中性，不必涉及意识形态判断，有助于我们更客观地认识社会结构和社会关系。阶层适合各个层面的分析，政府中可以分化出阶层，例如地位高的官员和一般公务员就是不同的阶层；民众中也可以分化出阶层，例如农民工、产业工人、农民或失业者也是不同的阶层。阶层可以认为是利益分化已经完成、利益结构和地位相对稳定的群体。按照朱光磊等所著《当代中国社会各阶层的分析》（2007年），阶层既包括“在阶级基础上划分出的更细小的社会利益群体”，还包括：一些新兴的社会利益群体，他们不与任何阶级有隶属关系，例如自由职业者；若干阶级相交叉的群体，例如农民工，是农民和工人两个阶级的交叉；一些过渡性、流转性的社会群体，例如军人、失业者①。正是由于中国改革开放过程中出现的普遍的阶层分化，使得社会结构发生深刻变化。一方面表现为一种平等化的倾向，中国社会很大程度上呈现为平等的三元结构，各类利益群体可以发出声音；另一方面阶层分化也伴随着贫富差距扩大，中国社会各利益群体事实上的不平等依然比较严重，这样的社会结构为研究中国社会的利益集团提供了有益的视角。

为了更好地分析我国当代社会结构，与我国社会主义市场经济大背景相适应，与我国逐步深入的民主政治进程相呼应，一些社会学家倾向于将中国的社会结构划分为由国家、市场和公民社会三类因子构成的三元社会结构。国家、市场和公民社会的三元社会结构是一个平等的、互补的、均衡的社会结构形态：

（1）平等性。平等性体现在国家、市场和公民社会的基础都是个体民众，因为国家和公民社会具有同一起源，都是自然人的联合体。按照17世纪英国哲学家约翰·洛克的自由宪政理论，人类为了确保自己天赋的生命权、自由权和财产权和更好地解决彼此间的纠纷，相互之间达成契约，自愿各自放弃他们单独行使的惩罚权力，把它交给公众一致指定的人去行使，这就出现了公民社会和国家。市场也是一个以个体分散决策为基础的交易机制，个体独立决策和自愿交易是市场良好运行的前提。因此，本质上国家、市场和公民社会是平等的配置资源的机制。

（2）互补性。互补性体现在国家侧重政治和公共事务决策、市场侧重于经济决策、公民社会侧重于社会事务决策。政府可以弥补市场失灵，分散决策的市场可以弥补政府集中决策的缺陷，公民社会可帮助前两者进行市场伦理建设或国民素质教育等。

---

① 朱光磊. 当代中国社会各阶层的分析. 天津：天津人民出版社，2007：3.

（3）均衡性。均衡性体现在三者可以相互制衡，尤其是市场和公民社会对国家越界干预和过度干预的约束，因为在许多领域国家并不比市场或公民社会具有更强的能力和更高的权威，相反却有更强的管制冲动。

3.1.1.3 社会结构与利益集团

我们可以发现，由于平等的三元社会结构的三个结构因子都是以个体为基础的，这缺乏决策的层次性传递，具有难以协调的弊端。因此，与三层社会结构不同，三元结构社会更需要有组织的群体决策机制，来弥补社会治理层次性不足带来的决策缺陷，通过利益集团这个层面来有效地协调个体利益矛盾、缓解个体利益冲突。这正是三元结构社会中利益集团存在的社会基础，没有利益集团发挥的重大功能，三元结构社会难以顺利运行，就如同缺乏中间阶层，国家、中间阶层和民众的三层结构社会也难以顺利运行一样。

由于国家、市场和公民社会各自作用领域、作用方式差异极大，因此形成了不同决策机制和组织形态，也形成了不同类型和风格的利益集团。①国家以集中统一决策为主，具有完备的组织体系，各级政府机构和官员具有很强的组织性和层级性。②市场以个体分散决策为主，市场主体之间具有平等性。由于共同利益的存在，市场主体也会聚合成各类利益群体，形成集体决策和行动。③公民社会由公民个体与公民自愿组成的民间组织两种形态构成，由于公众个体的分散性，实际上公民社会发挥核心作用的是民间组织，据民政部统计，截至2009年年底，全国各类民间组织约42.5万多个①。有的学者把民间组织定义为不以盈利为目的、主要开展公益性或互益性活动、独立于党政体系②之外的正式的社会组织③，其特征是自治性、志愿性、组织性、公益性等。公民社会决策以集体协商决策为主，在国家顾及不到和市场供给失灵的“第三领域”，公民社会承载了许多社会管理、公共服务的功能。

利益集团是嵌入三元社会结构中的内生因子，是协调各类结构因子的不可或缺的运行机制。利益集团可以分别从国家、市场和公民社会三个层面衍生出来，大致分别对应着权力利益集团、经济利益集团、民间利益集团，它们构成了中国社会利益集团的基本架构。由于当前中国社会结构中，国家依然占据非

---

① 民政部：2009年民政事业发展统计公报。

② 政党一般起源于某个利益集团，政党本身也可以视为特定的利益集团。当然实际分析中，由于政党概念内涵丰富，一般都从利益集团概念类群中独立出来了。张宇燕认为，政党是利益集团的特定形式，当能够以政党的形式组织政府或控制立法程度时，利益集团都会力争这种参政形式的。组成政党的人们绝不仅仅是某个利益集团代言人，他们自己往往就自成一个利益集团。参见：张宇燕．利益集团与制度“非中性”．改革，1994（2）：2.

③ 王名，刘培峰．民间组织通论．北京：时事出版社，2004：4.

常大比重的资源配置权力，因此三元结构并不均衡，其合理的逻辑结果就是，经济利益集团和民间利益集团相对于权力利益集团处于明显劣势，甚至前两者需要依附后者来生存和发展。当然，权力利益集团、经济利益集团和民间利益集团只是构成中国社会最基本的利益集团结构，三类集团各自都还要进一步分化和分层。例如经济利益集团可以分化出资本利益集团和劳动力利益集团；民间利益集团可以分层为知识精英利益集团和普通民众利益集团。一般而言，由权力精英、资本精英和知识精英形成的利益集团，在任何社会中都被视为是强势利益集团，利益集团结构中其他部分相对处于弱势。

3.1.2 中国社会利益集团的特征

中国社会是从高度集权的计划经济状态下走过来的，人们对个体利益和利益集团的认识是逐步开放和深入的。至今三十多年的改革开放培育出了多元化的利益主体，社会结构开始按照利益群体分层，各利益阶层的成员在维护和追求自身利益过程中，开始意识到有组织的利益集团存在的意义，同时也更倾向于以集体行动方式来表达自己的利益诉求。1988 年中共十三届二中全会工作报告里第一次承认中国社会存在着不同的利益集团："在社会主义制度下，人民内部仍然存在着不同利益集团的矛盾。"尽管如此，学术界对中国社会的利益集团的研究仍然远远落后于现实需要。特别是在当前随着渐进式改革的深入，社会各阶层的利益分化、利益差距和利益冲突会越来越激烈的时候①，利益集团被多数社会舆论所诟病。我们应该清醒地认识到利益集团不再是作为一个概念的存在，而是作为一个社会实体的存在。下面本节试图对云遮雾绕的中国社会的利益集团进行一番探究，为本书后续研究提供现实依据。

3.1.2.1 利益集团的组织化程度与功能不匹配

如前文所述，利益集团组织化程度可以分为四个等级：法定正式组织；未经法定程序的契约型组织；没有固定的组织结构和名称的非正式组织；故意隐形的组织。从组织结构的明晰、制度的稳定、活动的有序性等方面看，这四类组织形态的利益集团的组织化程度依次递减。从一般原理看，组织程度高的利

---

① 在社会学中，关于市场化改革对社会不平等的影响，不同的研究得出了完全不同的结论。一种结论是，市场化改革缩小了社会中的不平等程度，因而认为市场化改革具有一种平等化效应；而另外的一些研究则表明，市场化的改革是加剧了社会不平等。而这两种针锋相对的结论，都是以实证研究为基础提出来的，都有相当可靠的经验事实的支持。美国加利福尼亚大学圣迭戈分校的罗纳—塔斯（Akos Rona - Tas）教授指出，市场改革的平等化效应的观点较适用于改革的早期阶段，即社会主义经济的侵蚀时期；市场改革加剧社会不平等的观点则适用于改革的晚期阶段，即实际的转型过程。

益集团的功能应该更为完善和有效，但是从我国利益集团实际运行效果和发挥的功能看，组织化程度高的利益集团未必能发挥良好的功能。

首先，在我国法定正式组织绝大多数由政府主导产生，例如各类行业协会或工会，官办色彩较浓，运行效果较差，发挥功能有限。而且，这些组织未必能真正反映成员的利益诉求，在独立行使利益表达功能上也有诸多制约。

其次，未经法定程序的契约型组织基本都是自发形成的，大多能反映成员的利益需求，一般能发挥较好地聚合成员利益的功能。但从中国的实践看，这类组织存续时间稍长，组织活动就容易流于形式，组织者也逐渐失去兴趣和动力去维持，极大地影响组织的凝聚力。

再次，第三类组织大多数为临时性组织或网络虚拟组织，成员因具体事件或自身兴趣而结盟，虽然从长期看组织成员的流动性大、稳定性差，但短期内组织的能量非常强劲，对成员的激励和动员能力很强，形成一致行动的效果非常好，能体现利益集团作为整体的功能。例如2008年中国网民因奥运火炬传递在国外遭到磨难而自发形成的抵制外国商品的活动，取得了非常好的效果，这个无形组织有很强的集体行动号召力，其成员的共同利益基础是每个人内心深处的爱国主义精神。

最后，隐形组织形态的利益集团力量最为强大。由于是由少数精英组成的集团，很容易协作形成集体行动，发挥出利益集团的整体强大功能。但这种隐形化的存在方式，不但增加了认识和把握利益集团的难度，也使得利益集团的非法行为难以公开和控制。

总之，为了提升利益集团的功能，同时防止利益集团对其他利益集团和社会公共利益的掠夺，中国社会的利益集团应该逐步从官办性的组织向自主性组织转变，从隐形状态往显性状态转变，不断增强非政府性、自愿性、独立性、自主性等。

3.1.2.2 利益集团发展不均衡，加剧社会阶层的分化

利益集团发展不均衡，本来是以利益群体为基础的社会阶层发展不均衡造成的。但反过来讲，利益集团存在的价值之一就在于通过表达和追求集团成员利益，来协调社会利益，促进社会各阶层协调发展。如果由社会中每个阶层的每个成员分散表达利益诉求，整个社会的协调成本就会非常高。因此，在社会主义市场经济条件下的各种利益集团的存在就是要实现公共决策的平等和社会利益的和谐。如果利益集团只是起到了强者恒强、弱者恒弱的作用，社会结构必将由平等稳定的三元结构演变为贫富差距极大的不稳定的两极化社会结构，必然会加剧社会利益矛盾和利益冲突，导致社会动荡不安。政府作为公共利益

代表者应该承担维持利益团之间平衡的功能。利益集团发展的不均衡表现在几个方面：

（1）权力利益集团、经济利益集团和民间利益集团之间的不均衡。在由国家、市场和公民社会三元社会结构决定的权力利益集团、经济利益集团和民间利益集团的基本架构中，权力利益集团处于中心的地位，经济利益集团和民间利益集团处于不平等的劣势地位。这是我国利益集团发展中最基本的不均衡，是由基本经济制度造成的。

（2）强势利益集团与弱势利益群体之间的不均衡。从基本的利益集团结构中分化出来的、由权力精英、资本精英和知识精英形成的利益集团，是一个社会的强势利益集团；弱势利益群体则主要包括贫困农民、农民工和城市失业下岗人员等，这三部分人几乎构成了中国人口的大多数①。两者在权力和资源分配上的不平等进一步加剧了失衡，强势利益集团对公共政策制定和执行过程、对社会公共舆论甚至对改革方向都可能施加影响，而弱势利益群体缺乏表达自己利益的制度化方式。这种不均衡可能导致社会结构有向贫富两极化社会蜕变的危险，这种不均衡是由公共决策机制和利益表达机制造成的。

（3）特殊利益集团与一般利益集团之间的不均衡。特殊利益集团是指其利益主体与其他利益主体具有不相容的利益关系，在中国社会主要是指电力、交通、电信、能源等垄断行业，特殊利益集团具有垄断性、狭隘性、对政府的依赖性；一般利益集团的利益则与其他利益主体利益或公共利益之间没有冲突的关系。特殊利益集团相对于一般利益集团具有明显的强势，这主要是由于利益集团的集体行动逻辑造成。一般利益集团虽然人数更多，利益总量更大更重要，但为什么通常会在利益博弈中处于下风呢，就是因为大规模的利益集团组织成本更低，这种少数人剥削多数人的现象与正常利益表达机制不健全和特殊利益集团不正当的竞争手段（例如行贿）等也有关系。

（4）既得利益集团与潜在利益集团之间的不均衡。既得利益集团是个比较复杂敏感的问题，我们先看看一些学者对这个概念的分析。中共中央党校刘彦昌教授在《聚焦中国的既得利益集团》一书中，将既得利益集团定义为“既得利益者维权意识和行为的群体化”；中国社会科学院邵道生（2002）著文《关于“既得利益集团”的再思考》认为，既得利益集团“是首先、已经

---

① 与其他国家的弱势群体相比，目前中国弱势群体的结构性特征主要表现在：这个弱势群体在很大程度上是社会转型的产物，其中的相当一部分成员并不是由于自身的劣势沦入这个群体的；群体本身具有高度的同质性和集中性；这个群体中的某些部分与整个社会的结构处于断裂状态，或处于极其边缘的状态。

获得利益的一部分人自然而然地形成的一个群体，它本是‘中性’的，因为其中有一个‘靠什么手段’、‘用什么途径’的问题。然而当它与腐败现象挂钩，就绝对是个贬义词，因为它是靠权力和权钱交易‘首先获得利益’的”。张亚青（2002）在《关于“既得利益集团”若干问题的思考》一文中认为：“既得利益集团是指对公共资源享有支配权的一部分人或一个社会阶层，为了维护自己共有的特殊利益而结成的利益共同体，或者利益联盟。”他认为既得利益集团有以下几点特征：①他们的政治、经济和社会地位高于其他社会成员，获得了较其他社会成员多得多的财富；②他们获得利益的方式是非正常的，主要是通过权力得到的；③他们热衷于权力与利益的集团内共享，而排斥其他社会成员的介入和分享；④他们反对制约和监督权力①。

由于既得利益集团的主体是现行制度的受益者，有维持现行制度的动力；而潜在利益集团的主体则或者是现行制度的受损者，或者是新制度的受益者，他们想推动现行制度的变革，他们的利益诉求或者是要求既得利益者补偿现行制度下的损失，或者是对既得利益者进行赎买以推动制度变迁。新制度经济学理论揭示出，既得利益集团在制度变迁过程处于主动的地位，即便从长期看对大家都有好处的新制度，也可能因为既得利益集团的阻挠而不被接受。两者之间的不均衡主要是既得利益集团的先发优势和制度变迁过程的性质决定的，即便如此，也会造成一定程度的不公正和制度变革的迟滞。但既得利益集团并不总是占据优势②，比如我国证券市场的股权分置改革，非流通股股东是潜在利益集团，他们将从未来股权流动中获得极大收益；流通股股东形式上可算做既得利益集团，他们直接从股权分置改革中获得来自于非流通股东的支付对价。但两个利益集团在对价支付的博弈中，作为既得利益集团的流通股东却处于被动地位，从股权分置改革制度变迁中得到明显好处的非流通股股东却处于强势状态。

（5）经济利益集团与政治利益集团和社会利益集团之间的不均衡。随着市场经济改革的深入，经济利益成为人们越来越看重的利益目标。从目前中国社会的情况看，绝大多数利益集团都是以经济利益为诉求，而以政治利益和社

---

① 刘彦昌．聚焦中国的既得利益集团．北京：中共中央党校出版社，2007：37、14、13．参见：邵道生．关于“既得利益集团”的再思考．人民网，2002；张亚青．关于“既得利益集团”若干问题的思考．学海，2002（4）．

② 凯恩斯说过：“我很确信，既得利益之势力，未免被人过分夸大，实在远不如思想之逐渐侵蚀力之大。……危险的倒不是既得利益，而是思想。”参见：凯恩斯．就业、利息和货币通论．北京：商务印书馆，1977：326．

会权益为诉求的利益集团，数量都还很少。这种不均衡可能由以下因素造成：一是中国经济发展水平总体还很落后，人们对经济利益的追求才刚刚开始，还远未到富足的时候；中国基本社会制度决定了国人对政治利益诉求还很敏感，不会轻易表达政治要求；中国三元社会结构中，呈现强政府、弱市场的状态。相比而言，公民社会比市场更处于弱势，还没有体现出作为独立的政府和市场之外的"第三领域"的独特价值，民众通过民间组织自主表达利益诉求的环境还未完全形成。相信随着社会经济发展水平的提高，那些围绕公共事业、环境保护、人权、社会问题等成立的公共利益集团将不断增多。

3.1.2.3 利益集团的利益表达机制和博弈机制不健全

利益集团比个体在利益表达上更有优势。但与西方国家利益集团的状况不同，中国社会的利益集团合法的制度化的利益表达机制很匮乏。他们不能游说官员、不能政治献金，游行示威或罢工静坐等激烈的利益表达方式也很不适合中国社会。虽然可以通过人大和政协这个渠道进行制度化的利益表达，但这个渠道的容量毕竟十分有限，且效果通常并不明显和及时，他们最后能做的就是举报和投诉，而这正是单个利益主体表达利益诉求的常见方式。

利益集团之间的博弈机制缺乏法制化、规范化的约束，不择手段地追求集团利益，实际上对博弈之中的所有利益集团都有害。缺乏稳定预期的博弈机制，使得不同利益集团之间呈现越来越强的共容性较差、对抗性较强的特点。例如少数人的特殊利益集团可能会通过损害多数人的一般利益集团来获取超额收益。情况也可以相反，在腐败和不公平的社会背景下，民众普遍对权力精英、资本精英和知识精英产生不信任，在狂热的平民主义思潮下，也可能会产生"多数人的暴政"，侵害少数人的合法权益。实际上，利益主体之间博弈的结果可以是双赢的正和博弈，不一定是零和博弈，更不必然是双输或损失超过收益的负和博弈。而且，博弈机制本身也内含了利益集团之间合作的机制，不一定是相互对抗或彼此伤害的机制。有些时候，即便利益目标不同，利益集团之间也可能产生合作。例如经济学家吴敬琏说过："什么人可能反对改革？一个是既得利益集团，一个是贫困群体。他们可能在反市场体制上结成联盟。"①政府应该为利益集团提供更多制度性的利益表达机制，并维持利益集团之间的博弈均衡。

---

① 吴敬琏．吴敬琏谈既得利益集团和贫困群体可能反对改革．中国青年报，2005－12－13.

3.2 利益集团的作用机制分析

利益集团的作用机制是指利益集团如何通过集体决策、集体行动来表达和争取集团成员共同利益的机制或过程。利益集团作用机制在形式上可以分为利益表达、利益博弈和利益协调的过程，但是，在现实社会的利益机制中，在理论分析的过程中，利益表达、利益博弈和利益协调是很难决然分开的。例如，听证会制度，它首先是各方利益主体的表达机制，其次在听证会召开的前后和听证会各方辩论过程中，利益博弈一直在进行着，最后听证会最终的结果必然是各方利益协调的结果。即便这个结果对各方利益主体未必绝对公平，值得注意的是，在利益协调过程中，政府一般会作为公共利益或社会利益代表者发挥利益协调平衡的作用。本节将主要分析利益集团的利益表达和利益博弈机制，至于利益集团的利益协调机制，本书将放在最后一章，与政府对利益集团的调控结合起来分析。

3.2.1 利益集团的利益表达机制

所谓利益表达，是指在多元化结构社会中不断分化的各种不同类型的利益集团代表或个人，为实现既定的利益目标，通过一定的渠道和方式直接或间接地向社会、政府或各级组织及其组成人员反映，提出自己的愿望和利益诉求，并要求得以满足的政治、经济和社会的参与过程。其实质就是把利益主体的态度、意见转变为向社会、向国家表示要求的方式，是政治过程和公共决策的逻辑起点。而上述过程通过一种制度安排，使各利益群体在这种制度化的路径下合理、合法地表达自身利益诉求则称之为利益表达机制。考察利益表达机制是研究利益集团作用机制的重要基础。如前文所述，许多利益表达机制例如投票、选举、听证会等，同时也就是利益的博弈和协调机制。下面先梳理一般的利益表达机制，如图 3－1 所示。这些方式都是利益集团在利益表达时可以采用的模式，然后在此基础上分析利益集团在利益表达上的特点。

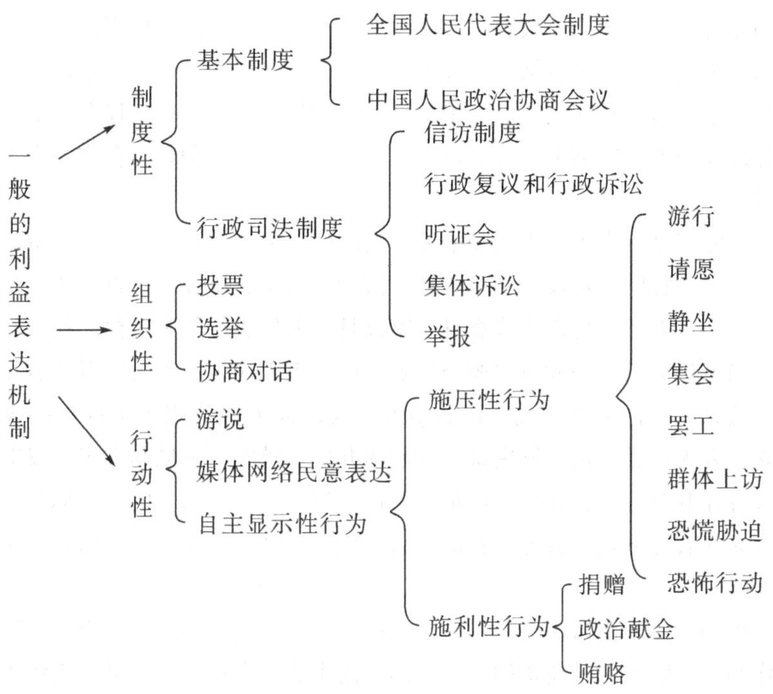

图3－1　一般的利益表达机制

3.2.1.1　一般的利益表达机制

一般性利益表达机制可以分为三类：①制度性利益表达机制。是指国家为人民和社会其他各类利益主体建立的用于利益表达的正式制度安排。首先是最基本的两类制度：全国人民代表大会和中国人民政治协商会议；其次是有关的行政和司法制度：信访制度；行政复议和行政诉讼；集体诉讼；举报和听证会等。②组织性利益表达机制。这类利益表达机制体现为一种程序，表现为一种有组织的行动或集体的行动，个人无法独立完成，例如投票，只有一个人投票是毫无意义的。这类利益表达机制包括：投票、选举、协商对话机制。③行动性利益表达机制。这类利益表达方式表现为一种行动，可以是个人的行动，也可以是集体的行动。这类利益表达机制包括：游说、网络民意表达、自主的显示性行动。

（1）制度性利益表达机制。

①全国人民代表大会制度。全国人民代表大会制度是我国的根本政治制度，是我国制度化程度最高、代表性最广泛的利益表达机制。这一制度昭示着国家的一切权力最终都掌握在人民手中，人民可以通过这一途径参与管理国家事务、经济和文化事业、社会事务，依法享有选举权和被选举权，全方位表达

各类利益诉求。全国人民代表大会制度主要包括选举制度和代表制度。选举制度包括如下内容：选举资格；代表名额分配；选区划分；选民登记；代表候选人提出；选举程序；代表监督、罢免、辞职和补选等。选举过程实际上是各地区、各行业和各阶层推举各自利益代言人的过程，是各种利益合作与竞争的综合结果。

代表制度赋予人大代表两项最重要的职权：审议权和提议案权。审议就是对列入大会议程的各项议案和报告进行阅读、讨论、研究和审查，并经过审议后给予肯定、否定或提出修改意见。审议是人大代表行使表决权的前提，是对政府等国家机关工作一种重要监督形式，也是人大代表反映人民群众意见，发表自己政见的一种重要形式。议案是人大代表向人民代表大会提出的议事原案，它是人大代表讨论、解决某一问题的办法、措施、意见和方案。议案承载了各式各样利益诉求，它也是衡量一个代表的议政参政水平的重要标尺。为了保护人大代表充分表达各方利益的权力，代表制度还包括人身自由保障和言论免责保障①。

②中国人民政治协商会议。中国人民政治协商会议是中国共产党领导的多党合作和政治协商的重要机构，是中国政治生活中发扬社会主义民主的重要形式。政协的主要职能是政治协商、民主监督、参政议政：政治协商是对国家和地方的大政方针以及政治、经济、文化和社会生活中的重要问题在决策之前进行协商和就决策执行过程中的重要问题进行协商；民主监督是对国家宪法、法律和法规的实施，重大方针政策的贯彻执行、国家机关及其工作人员的工作，通过建议和批评进行监督；参政议政是对政治、经济、文化和社会生活中的重要问题以及人民群众普遍关心的问题，开展调查研究，反映社情民意，进行协商讨论。因此，政协制度并不只是表达对政治利益的诉求，还涉及社会经济文化生活的各个方面。

政协一般通过调研报告、提案、建议案或其他形式来表达各方面的利益诉求：①提案。提案是政协委员向政协会议提出的、经审查立案后由承办单位办理的书面意见和建议。②视察。视察是政协委员了解情况、检查工作、研究问题、议政建言的重要途径，是委员行使民主权利、开展民主监督的重要渠道。

---

① 人身自由保障是政治保障的一项重要内容。县级以上的各级人大代表在本级人民代表大会开会期间非经大会主席团许可，在闭会期间非经本级人大常委会许可，不得对人大代表采取限制人身自由的措施。言论免责保障是政治保障的另一项具体内容。人大代表在人民代表大会各种会议上的发言和表决不受法律追究。

③专题调研。专题调研一般以专门委员会[①]为依托，以课题为纽带，联合、组织各行各业的专家学者，围绕国家的中心工作，有重点地进行调查研究，提出切实中肯的意见和建议。④反映社情民意。政协要求政协委员同各方面群众保持密切的联系，广泛、及时地反映社会的真实情况和群众的意见呼声，为各级领导机关把握形势、正确决策提供重要依据，并推动一些实际问题的解决。

政协在表达各类主体利益需求的方面，有一个值得一提的特色，就是以“界别”为基础进行各类活动。全国政协委员会共设 34 个界别[②]，包括 9 个党派、1 个无党派人士、8 类社团、13 类各界人士和 3 类特邀人士。这样政协基本能反映社会各个阶层的利益呼声，可以广泛代表各类利益集团。

③信访制度。信访制度是指公民、法人或者其他组织采用书信、电子邮件、传真、电话、走访等形式，向各级人民政府、县级以上人民政府工作部门反映情况，提出建议、意见或者投诉请求，依法由有关行政机关处理的活动。信访制度主要包括：登记制度、呈批制度、转办交办制度、督办与查办制度、回告制度、回访制度以及审查结案和归档制度。信访是常设性制度安排，适合各类主体及时表达利益诉求。信访制度是一种补充救济制度，当事人只有在对政府部门的行政行为不满意的时候才会到信访机构提出意见、建议或者投诉，通常由行政机关自己、上级部门或者专门机构负责处理，属于一种行政性的补充救济制度，不是司法救济制度，因而信访制度处理问题较司法程序更为简便快捷和节约成本。在目前中国社会，信访制度是弱势利益群体表达利益需求的主要方式之一，特殊情形下出现的集体上访，则是通过群体聚集的方式来表达群体利益的行动。

④行政复议和行政诉讼。行政复议是指公民、法人或者其他组织认为行政机关或者行政机关工作人员的具体行政行为侵犯其合法权益，依法向特定的行政机关提出重新处理的申请，接受申请的行政机关依照法定程序对原具体行政

---

① 政协第十届全国委员会设立了九个专门委员会：①提案委员会；②经济委员会；③人口资源环境委员会；④教科文卫体委员会；⑤社会和法制委员会；⑥民族和宗教委员会；⑦港澳台侨委员会；⑧外事委员会；⑨文史和学习委员会。

② 全国政协委员会共设 34 个界别：①中国共产党；②中国国民党革命委员会；③中国民主同盟；④中国民主建国会；⑤中国民主促进会；⑥中国农工民主党；⑦中国致公党；⑧九三学社；⑨台湾民主自治同盟；⑩无党派人士；⑪中国共产主义青年团；⑫中华全国总工会；⑬中华全国妇女联合会；⑭中华全国青年联合会；⑮中华全国工商业联合会；⑯中国科学技术协会；⑰中华全国台湾同胞联谊会；⑱中华全国归国华侨联合会；⑲文化艺术界；⑳科学技术界；㉑社会科学界；㉒经济界；㉓农业界；㉔教育界；㉕体育界；㉖新闻出版界；㉗医药卫生界；㉘对外友好界；㉙社会福利和社会保障界；㉚少数民族界；㉛宗教界；㉜特邀香港人士；㉝特邀澳门人士；㉞特别邀请人士。

行为的合法性和适当性进行审查，并做出相应决定的行政救济活动。行政复议是一种利益表达和利益调节机制，其目的是保护公民、法人和其他组织的合法权益，保障和监督行政机关依法行使职权。

行政复议程序全部在行政机构体系内部完成，而行政诉讼则是涉及民事主体、行政机构和司法机构三方行为。行政诉讼是指公民、法人或者其他组织，认为行政主体的行政行为违法，依法诉诸人民法院，人民法院对行政案件进行受理、审理、裁判等司法活动的总和。行政诉讼也是一种利益表达和协调机制，司法机关是中介，它来协调诉讼双方的利益关系。如果司法机关秉着公平、公正、公开的原则来判决和执法，那么行政诉讼双方各自的利益要求都会得到合法保护。但现实中，由于行政诉讼指向的侵权方是行政机关，很多国家司法部门都隶属于政府机关，很难保证司法机关在协调双方利益的过程中不会偏向强势的行政机关，处于弱势的公民个人或组织的利益未必能得到很好的保护，行政复议也同样可能存在这种利益协调不均衡的情况。

⑤听证会。听证会为公民亲身参与立法行政过程提供了具体的途径，它鼓励受公共决策影响的利益相关个人或团体参与立法过程，积极表达自己的利益要求。其形式主要有立法听证、价格决策听证和信访听证等，听证会制度相应有三个法律来源：一是2001年国务院发布的《规章制定程序条例》第十五条，起草的地方政府规章直接涉及公民、法人或者其他组织切身利益，有关机关、组织或公民对其有重大意见分歧的，起草单位可以举行听证会，认真研究听证会反映的各种意见；二是1998年《价格法》第二十三条规定，制定关系群众切身利益的公用事业价格、公益性服务价格、自然垄断经营的商品价格等政府指导价和政府定价，应当建立听证会制度，由政府价格主管部门主持，征求消费者、经营者和有关方面的意见，论证其必要性、可行性；三是2005年《信访条例》第三十一条规定，对重大、复杂、疑难的信访事项，可以举行听证。听证应当公开举行，通过质询、辩论、评议、合议等方式，查明事实，分清责任。

⑥集体诉讼。集体诉讼是群体性利益受到侵害的情况下的一种司法救济制度，例如证券市场中分散的中小股东受到上市公司大股东的利益侵害，环境污染造成的群体性公共利益侵害等，比较适合运用集体诉讼来表达和维护受害群体合法权益。集体诉讼也叫代表人诉讼①，是指个人或代理机构代表所有利益

---

① 在1991年修订《民事诉讼法》时，明确规定了两种代表人诉讼或集体诉讼制度，一种是人数确定的代表人诉讼，一种是人数不确定的代表人诉讼。在司法实践中，集体诉讼在执行中存在很大的局限，原因主要有：一是群众没有认识到这种诉讼制度在保护权益方面的积极作用，特别是在公益诉讼中；二是很多法官不积极实行这样的制度，因为法官的收入与办案数量有关；三是代表人所代表的人数众多，容易形成群体事件，影响安定团结。

相关者向法院发起诉讼请求，当得到胜诉的判决结果后，其他没有直接参与诉讼的个人或机构都可分享判决得到的补偿。集体诉讼的威力在于，只要有一个人发起诉讼，其他所有相同利益受损者会一呼百应，最终导致的赔偿数量会非常惊人，可以极大地抑制对群体性利益的侵害。由于集体行动的组织成本过高，由分散成员构成的群体虽然人数众多，但在维护自身权益上却处于弱势地位，集团诉讼可以有效地表达和维护群体性利益。

⑦举报。举报制度是我国改革开放以来为配合反腐败斗争而制定的一项制度。我国的举报制度是检察机关随时接受公民、法人或其他组织对公职人员贪污、贿赂、渎职或其他违纪犯罪行为的检举揭发，并把处理结果反馈给举报人的一种制度。举报权属于公民一项民主监督权①，最高人民检察院对举报工作也做了具体规定，例如举报主体可以是公民和机关、团体、企事业单位以及台港澳同胞、海外侨胞、外籍人士；举报范围可以贪污罪案、贿赂罪案、侵犯公民民主权利罪案、渎职罪案等。检察机关受理举报的范围主要是国家工作人员的职务犯罪，体现了广泛分散的民意对集中的公权力或职务权力的监督，可以发挥较好的利益表达和制衡作用。

（2）组织性利益表达机制。

①投票。投票是一种具有普遍性的、民主色彩很强的利益表达机制。按范围大小，投票可分为全国性公民投票、地方性公民投票和各类组织内部成员投票。公民投票一般都涉及国家或地方政府的重大事件，例如制宪修宪、全国大选、领土变更、议会立法、政府重大政策等。各类民间组织或经济组织在做出对组织生存发展有重大影响的决策时，也可以采取成员投票的方式来做最后的决定，例如上市公司股东大会或董事会都通过投票进行表决。投票是一种平等的利益表达和决策机制，它能促进公民或组织成员的参与感、认同感，提升决策的正当性，但它也存在着机制性局限，例如容易导致多数人暴力，未必能实质性保障人权，投票结果未必符合正义，也未必能避免专制。

②选举。选举与投票不能等同，选举是一个社会或一个组织关于某个职位或某类代表的人事任免的民意表达机制，投票只是选举程序的一个环节；投票既可以针对人事安排进行，也可以针对某个事件或某项决策进行。按形式划分，选举可以分为直接选举和间接选举两种。直接选举主要针对基层国家权力机关的组成人员、村民委员会和社区居委会组成人员；间接选举主要是选拔县

---

① 最高人民检察院一九八八年十一月二十五日颁布了《最高人民检察院举报工作若干规定（试行）》，一九九一年五月六日颁布了《关于保护公民举报权利的规定》。

级以上的各级人民代表选举产生各级人民代表大会及其常务委员会的组成人员。按内容划分，选举还可以分为社会选举和政治选举。政治选举立足于国家的政治统治和对公共事务的政治管理，由全体国民或一定行政区域内的公民根据宪法、选举法律法规，选举产生国家政权机关和选举任免其组成人员的活动，例如国家元首、立法代表、行政首长、司法机关首长的选举以及政党党内选举。社会选举活动立足于公民社会自主治理的原则，由一定的社会组织内的成员依据一定规则，主持和进行组织内部的选举活动，产生组织代理人，从而实现自主治理组织内部集体事务的目的。社会选举包括基层群众自治组织、营利组织、各种民间团体等的内部选举。

③协商对话机制。协商对话也是一种具有普遍性的利益表达和协调机制。在我国政治实践中，各级地方政府和人民群众就许多具体问题，创造了许多协商对话机制。例如许多地方实施了“民主恳谈会”的对话形式，鼓励公民参与政策制定过程，促进民众在协商、讨论和对话过程中达成共识，并维护各群体利益和公共利益。许多公共决策也是在听取相关利益者充分的利益诉求表达的基础上达成的。协商对话机制的优势是相关利益各方在十分宽松友好的气氛下进行利益表达和协调，它不同于听证会那种正式的、紧张的气氛下的利益表达和博弈，更不同于处在诉讼、行政复议等具有对抗性的程序中的利益冲突，因此协商对话的效果通常比较好，工会、行业协会等组织通常会采取这样温和的利益协调方式。当然其缺点也比较明显，就是效率不一定很高。由于这种利益协调机制的非强制性，协商对话通常难以得到明确的利益妥协结果。

（3）行动性利益表达机制。

①游说。游说主要是西方国家利益集团比较流行的利益表达方式。游说是利益主体特别是利益集团向政府决策部门表达利益诉求的过程。它可分为直接游说和间接游说。直接游说就是利益集团直接向国会议员、政府官员陈述其立场和观点，以影响决策。其方法一是直接同国会议员或各级政府官员及其助手接触，陈述该利益集团对审议中的议案或政策的立场和观点。游说者一般还会提供大量的免费服务，例如有关议案的资料数据、详尽的专业分析等①。其方法二是出席国会组织的听证会作证。利益集团常常派出代表就听证会的内容做有利于本集团利益的陈述，以此影响国会制定出有利于本集团的立法和措施。间接游说也被称为“基层游说”或“草根游说”，是利益集团进行利益表达的

① 利益集团游说中的这种免费服务弥补了议员在某类专业知识上的不足，也可使议员在同僚和选民中获得良好形象，议员在很大程度上依赖这种服务，达到利益集团与议员的双赢效果。

另外一种方式。它通过影响民众或选民的态度来间接影响政府政策，是一种迂回的、行之有效的手段。具体做法是在大众传媒上刊登广告、发表谈话和演说，向新闻界发布消息、评论和新闻解说，或组织其成员向议员或行政官员写信、打电话、发电子邮件等，宣传该集团的立场和主张，争取公众的了解和支持，形成舆论压力，从而影响政府政策。

无论是直接游说还是间接游说，利益集团都需要一种代言人机制。中国有些专家学者、政协委员或人大代表，利用其独特身份，以独立董事或顾问等形式成为某些利益集团的代言人，利用媒体发表意见引导舆论、通过学术机构发布研究报告或提交提案，有时甚至是直接游说，为集团的特殊利益来影响政策制定。

②媒体和网络民意表达。民众和利益集团可以通过报刊、书籍、电视台、电台、互联网络等公共舆论平台，在合法限度内发表自己的意见和愿望，表达自己的利益诉求。之所以把互联网单独列示，是因为互联网的民意表达具有很多优势。首先就是大众化和平等性，没有身份限制和等级壁垒；其次是真实性和自愿性，因为可以匿名表达，观点比较坦率尖锐；还有就是及时性、快捷性和时效性，特别是微博的方式。因此互联网的民意表达传播极广，影响很大。通过网民的多元化、多形式的表达，一定程度上体现了民意对某些公共决策或公共事件的意见和愿望。网络民意表达的缺陷是可能形成多数人暴政、信息可能会扭曲、情绪容易被误导等。

③自主的显示性行动。利益主体可以通过一些自主的、显示性行动来公开表达和争取自己的利益。虽然投票、选举、听证会、诉讼、举报、网络表达等也表现为某种形式的行动，但是这些行动或者具有被动性，或者具有隐蔽性，而且利益主体对行动过程的控制性也较弱。自主的显示性行动包括施利性行动和施压性行动。施利性行动通常表现为个体的行动，主要包括捐赠、政治献金和贿赂。捐赠是向行政机关或司法机关捐赠物质或资金，常见的是交通工具、通信工具和基金会捐款等；政治献金是指政党组织或候选人从本国公民及团体那里接受的政治捐款，政治献金需设立献金专户，接受司法机关监督。贿赂属于违法行为，它通常伴生在捐赠或正常商业交往之中。施压性行动通常表现为群体性行动例如游行示威、请愿、静坐、集会、罢工、群体上访①、恐慌胁

① 根据信访部门统计，上访中群体性问题明显增多。2001 年，国家信访局接待的群众集体上访首次超过 1000 批次，2002 年又有较大幅度增加。2001 年，全国 31 个省（区、市）群众集体上访的批次仅占群众来访总案次的 16.7%，而人次却占群众来访总人次的 75.6%。联名信约占群众来信总件次的 10%，其中有些是几百上千人的签名信。此外，个人写信或上访反映群体利益问题的也占相当的数量。

迫[1]、恐怖活动、围堵和冲击行政或司法机关、暴力革命等。施压性群体行动一般都是利益冲突到不可调和的情况下发生的，是一种比较激烈的表达方式，对相关利益群体可能都会构成一定的伤害，是应该尽量避免的。

3.2.1.2 利益集团的利益表达机制

利益集团的利益表达机制可以分为两个步骤：一是在集团内部先将成员分散的利益诉求集中起来，通过价值观的引导，对少数人的极端利益要求进行化解，对多数人有代表性的利益诉进行整合，形成统一的集团利益诉求；二是以集团的名义、集体的行动或集团代言人的方式，统一对外提出整体的利益要求，采用的方式就是上述各类利益表达机制。

（1）利益集团内的利益整合机制。

由于信息不完全、利益关系不均衡、利益观念差异等因素，利益集团内部同样存在利益矛盾和分歧。如果利益集团不能有效地整合成员的利益诉求，加强引导、沟通和协调，就难以形成一致的集体行动。有效的集团利益整合机制包括以下过程：

①集团意识和集团价值观的形成，这是利益集团凝聚力之所在，也是一个集体能成为其成员心理依靠的价值基础和精神源泉。集团价值观是集团利益整合机制的基础，因为如果个体价值能认同集团价值，那么个体利益也就有转化为集体利益的基础。

②集团精英的呼吁、引导和鼓动。一个利益集团离不开精英分子，他们是“积极的少数”，引导和控制着集团内部的活动。按照索利兹伯里的政治企业家理论，利益集团的成员不是同质的，精英分子是集团组织者或政治企业家，他们是第一行动者[2]。由于精英的引导，集团成员能较快认识到某项政策或某个行动对集团和对自身利益的影响，能积极参与到相关活动中去。

③内部组织的有效运作。组织化程度高的利益集团有明确的内部分工和管理，组织化程度不高的利益集团也必须利用各种方式进行讨论和协商，广泛征求成员意见，纠正各种偏差，统一不同的认识，形成集团成员对某项决策的综合看法和利益取向。

④集体行动方案的选择。由于集团内部形成了反映绝大多数成员利益要求的意见，接下来的集体行动就能最大程度获得集团成员的支持，无论是内部选

---

① 恐慌胁迫是指一些具有垄断力量的大利益集团，可以通过制造市场恐慌，来达到表达利益的目的。例如利用临时性的产品短缺，人为制造和加剧电荒、煤荒、油荒和粮荒等。

② 集团精英之所以比一般成员付出更多的精力和时间来为集团利益活动，是因为他们有更广泛的利益目标，而这些利益目标与其他集团成员的利益是相容的。

举集团代表，还是外部选择集团代言人，都会比较容易进行。集体行动方案的选择就是对利益表达机制的选择，是利益集团对外施展影响的开始。

（2）利益集团的利益表达机制的特点。

前述一般的利益表达机制都是可供利益集团选择的方式，但是利益集团作为一个有组织的整体来表达自身的利益，与单一个体的利益表达相比还是有所不同。其特点表现在如下几个方面：

①表达更理性。由于利益集团形成集体行动和选择利益表达方式，要经过集团内部广泛的协商和审慎的权衡，利益表达方式也更加科学合理，可以避免个人利益表达中的情绪化和对抗性的状态。理性的利益表达更有利于利益各方进行利益协调，取得较好的利益平衡效果。

②长效性特点。利益集团平时就与政府官员①、专家学者和大众媒体保持紧密友好的联系，并不是事到临头才开始行动，利益表达机制体现了一种长效性。保持经常性联系的好处是：对信息的把握更及时，因而对政策的走向更有预见性；双方彼此的情况更加熟悉，因而施加政策影响时更有针对性；可以保持一股稳定的支持力量，有利于在需要时去争取更多的支持者；在利益过程中渗入温馨的人情因素，施加影响的效果往往更好。

③手段多元化。单一个体的利益表达能够选择的方式很有限，比较常见的是上访、行政诉讼和行政复议、举报和网络表达中的某一种方式。由于利益集团财力雄厚，动员公众或选民的能力强，集团利益表达不仅可以更多地利用人大或政协会议、集团诉讼、捐赠和政治献金、听证会、游说、选举、行业罢工、民意压力和恐慌胁迫等方式，而且可以同时采取多元化的手段，多管齐下，以取得最好的综合效果。

④隐蔽性强。由于集团利益本身就是一个群体成员的共同利益，相对于完全个性化的个体利益有更强的伦理正当性，有更大的社会影响，因而集团利益有时候与公共利益、社会利益不容易区分。有些情形下看起来利益集团行为表达的是对公共利益的诉求，但其实是一种很隐蔽的集团利益诉求。例如利益集团获得或实施政府公共工程项目时，都会宣扬集团以当地人民利益或社会利益至上的理念；再如在取消公路收费的争论中，导致几十万职工失业被放大为一种对社会利益的损害；等等。

⑤主动性强。单一个体通常是在合法的利益受到侵害时，才会被动地发出

---

① 一些大的利益集团可以成为有关政府机构的合作伙伴，或者参加行政机构的顾问委员会。例如美国联邦政府的内阁部和独立机构设有许多顾问委员会，由各方面的民间人士组成，其中大部分来自不同的利益集团。

利益诉求，获得合理的利益救济；而利益集团通常是主动地争取集团利益，其目标不限于对自身合法利益的保护，更多地表现为对其他利益集团的竞争优势或者对社会利益更大份额的集团占有。

由于利益集团在利益表达机制上的诸多特点，或者说是诸多优势，集团利益表达相比于个体利益表达，社会影响力大，政策导向效果更好，这也解释了为什么现实社会中的个体总是置身于不同的利益群体的之中，因为这更有利于保护和表达自己的利益需求。

3.2.2 利益集团的利益博弈机制

利益集团的利益表达有着自己的特点，利益集团之间的博弈也比个体之间的对抗显得更有理性。前面说过，利益表达机制实际上就是利益博弈机制。下面选取具有代表性的几种利益集团的利益表达机制，来分析其中利益博弈或利益作用的机理，为后面章节金融制度变革过程中利益集团的作用机制的分析奠定初步的技术性基础。需要说明的是，下面各种博弈机制的模型仅仅是对博弈过程的某个思路的理论分析。从分析方法上看，同一个利益博弈过程，完全可以用不同的模型去描述。

3.2.2.1 听证会制度的博弈机制分析

博弈对象：假设听证会制度中存在三方博弈对象，即三类局中人：政府，是公共利益或秩序的维护者；提供商品或服务的厂商，是既得利益集团；商品或服务的大量消费者，是潜在利益集团。听证会就表现为三方之间的利益博弈。

博弈目标：通过听证会制度的博弈，各方将达成新的合约。厂商倾向于提高价格以获得更高的利润，大量分散的消费者则倾向于尽量降低价格或保持原来价格，以便获得较多的消费者剩余。两类利益集团的意愿是相反的，双方立场是很明确的。而政府则具有公共利益的多元目标，或者说政府的行动将产生“制度非中性”① 的效果，即政府的多目标行为可能对既得利益集团或潜在利益集团产生价值偏向，有的情况下对厂商有利，有的情况下对消费者有利。

博弈过程：（1）政府中立下的双方博弈。

假设听证会制度是完善的、政府是中立的，即政府先不加入博弈，厂商和

---

① 张宇燕在《利益集团与制度“非中性”》一文中提出了“制度非中性”概念，即“同一制度对不同人意味着不同的事情。在同一制度下不同的人或人群所获得的往往是各异的东西，而那些已经从既定制度中、或可能从未来某种制度安排中获益的个人或集团，无疑会竭力去维护或争取之”。

消费者先博弈。我们借鉴贝克尔（1983）的分析模型，建立模型①如下：

$P = I(T_1, T_2)$

其中，P是在厂商和消费者共同作用下的商品或劳务的价格；T_1和T_2是厂商和消费者施加的压力水平；$I(T_1, T_2)$是压力函数，该函数对T_1的一阶偏导数$I'_{T_1} > 0$，表示厂商施加更大压力T_1时，商品价格P倾向于上涨；该函数对T_2的一阶偏导数$I'_{T_2} > 0$，表示消费者施加更大压力T_2时，商品价格P倾向于下降。

T_1和T_2由下面两式决定：

$T_1 = T(M_1, \alpha_1)$；$T_2 = T(M_2, \alpha_2)$

M_1和M_2分别表示厂商集团和消费者所花费的搜集信息、游说、货币等总支出。$M_1 = \alpha_1 N_1$，$M_2 = \alpha_2 N_2$，其中，α_1和α_2分别表示厂商集团和消费者集团内每个人对支出的贡献数量；N_1和N_2分别为这两类集团的人数。

厂商和消费者处于动态博弈的状态之中，即当厂商选择一个压力水平时，消费者将对手的压力水平和自身成本状况选择一个压力水平；反之也是如此。因此博弈的均衡取决于两个集团的基于$T_1 = T(M_1, \alpha_1)$和$T_2 = T(M_2, \alpha_2)$。根据集体行动的利益集团理论，在考虑到成员数量较少的厂商集团中每个成员从商品价格上涨中获得的收益相对较大，每个人能承受的成本α_1较大；同理，成员数量较多的消费者集团中每个成员从商品价格下降中获得的收益相对较少，每个人愿意承担的成本α_2较小。博弈结果是：作为既得利益集团的厂商成员有动力采取行动收集信息来施加压力去影响听证会的结果；作为潜在集团的消费者，他们单个成员为了各自利益最大化，没有人愿意承担成本收集信息来施加压力去影响听证会的结果。

（2）政府参与下的三方博弈

当政府加入博弈时，政府的行为目标是多元的，而且会随着社会状况的变化而不同。我们借鉴梁咏梅（2005）的分析框架，构造出一个政府的目标函数②：

$$G = \begin{cases} f(E, S, C) \\ f(E, S, M) \\ f(E, S, L) \end{cases}$$

① Gary S. Becker：A Theory of Competition Among Pressure Groups for Political Influence Quarterly Journal of Economics，1983，98（8）.

② 梁咏梅．听证会的新制度经济学分析．学术论坛，2005（5）：79.

其中，G 是政府的总体目标值，E 是经济的增长，S 表示社会的稳定，C 表示竞争的公平程度，M 表示公民的短期福利，L 表示社会长期的发展。经济增长 E 和社会稳定 S 是政府在任何时候都必须坚持的目标，而竞争程度 C、公民短期福利 M 和社会长期发展 L 则是政府根据情况进行相机抉择的。

当 $G=f(E, S, C)$，意味着政府比较看重市场本身的力量，让厂商和消费者两个利益集团去自由博弈，商品或服务的均衡价格就为市场的价格。

当 $G=f(E, S, M)$，意味着政府比较注重公民当前的福利，提高公民的福利就成为政府的重要目标。在听证会中，政府就会偏向消费者，更多地照顾消费者的当前利益。它会加强消费者的博弈力量，听证会的结果就会向有利于消费者的方向发展，商品或服务的市场价格会低于自由博弈的结果。

当 $G=f(E, S, L)$，意味着政府更加重视社会长期持续的发展。中国的政府比较接近这个类型，因此也常常采取这样的目标函数。从长远来看，适当提高物品的价格，常常是有利于达到最佳的效率状态的。因此政府就会偏向厂商，商品或服务的市场价格会比自由博弈时更高。

（2）行政诉讼的博弈机制分析

假设行政机构的某项行政措施或政策损害了某一利益集团的利益，利益集团将考虑向法院提起行政诉讼。但诉讼也将花费成本，例如诉讼费用、时间、精力以及败诉的可能性等。因此，利益集团将采取的行动可能比较复杂，而且会根据每一步的实际成本收益情况进行调整，这种情形在分析方法上比较适合采用博弈论中的多阶段的序贯博弈分析。

我们假定行政诉讼过程中涉及利益集团与行政机构的双方博弈，利益集团在进入行政诉讼程序之后，可以采取以下两种策略：继续诉讼程序或与行政机构私下和解；行政机构也相应有两种策略：私下和解或应对诉讼。假定 L 表示原告即利益集团；X 表示被告即行政机构。双方博弈的几个阶段和顺序如下：

（1）利益集团决定是否向法院提起诉讼指控被告。指控的成本为诉讼费用 $C=C_1+C_2$，C_1 是此案法院审理费用，假定 C_1 由败诉方全部承担，C_2 代表整个诉讼过程所花费的律师费和时间的机会成本等，诉讼程序结束得早，C_2 就比较小；如果不提起诉讼，则利益集团的成本和收益都为零。

（2）利益集团提起诉讼后，提出一个无协商余地的赔偿金额 I，只有在这个赔偿数额下才同意私下和解，然后终止行政诉讼程序。此时如果行政机构接受利益集团的私下和解建议，并愿意赔付利益集团所要求的赔偿金额 I。那么利益集团的收益为 $I-C$，其中 C_1 由提起诉讼的利益集团承担，行政机构的收益为 $-I$。

（3）行政机构决定接受还是不接受私下和解的要求。如果行政机构拒绝利益集团的要求。此时利益集团无论是放弃（即终止行政诉讼程序），还是上法庭，沉淀的成本都是 D，其中 D 部分成本是前面协商过程中的时间的机会成本和声誉损失。

（4）如果行政机构不接受私下和解，利益集团面临选择是放弃还是继续诉讼程序至上法庭。如果选择放弃，则利益集团的支付为（$-C-D$），行政机构支付为0。如果上法庭，利益集团胜诉的概率是 P，获得的赔偿额为 Y，$C=C_1+C_2$ 中的 C_1 由败诉方缴纳，因此得到的支付为（$Y-C_2-D$）；败诉概率为（$1-P$），支付为（$-C-D$）。这种情况下利益集团的期望支付为：$P(Y-C_2-D)+(1-P)(-C-D)=PY+PC_1-C-D$

行政机构相应胜诉概率为（$1-P$），支付为0；败诉概率为 P，支付为（$-Y-C_1$）。因此，期望收益为：$P(-Y-C_1)+(1-P)\times 0=-PY-PC_1$

上述多阶段博弈的博弈树图示见图 3－2：

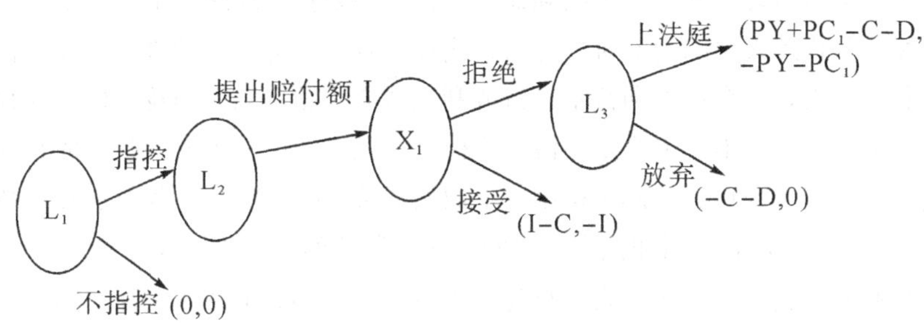

图 3－2　多阶级博弈树图

图 3－2 中 L_1，L_2，L_3 表示利益集团的三次选择；X_1 表示行政机构的第一次选择，利益集团的三次选择是面对行政机构某个博弈策略下的对策，是可以自主的抉择，所以不存在概率问题。只有最后一步行政机构没有接受利益集团的私下和解时，利益集团选择上法庭。这时胜诉败诉不由利益集团决定，此时胜诉的概率 P，才参与双方支付的计算之中。图 3－2 括号中的支付，前面的支付是原告即利益集团的，后面的支付是被告即行政机构的。

我们可以注意到，在 L_3 阶段面临抉择的利益集团，放弃和上法庭两种选择的支付分别为：（$-C-D$）和（$PY+PC_1-C-D$），其中的差异在于（$PY+PC_1$）>0，因此利益集团最优选择是上法庭。对于 X_1 阶段的行政机构来说，如果预期到上法庭的期望赔偿 $I<PY+PC_1$，则最优选择是私下和解接

受赔偿额 I。因为明显可以看出，选择拒绝私下和解一定会导致利益集团继续诉讼上法庭。对利益集团而言，如果提出的赔付额 $I < PY + PC_1$，则可能导致行政机构选择私下和解，那么利益集团获得的支付为（$I - C$）。只要 $I - C > PY + PC_1 - C - D$，对利益集团来说也是更好的选择。我们可以获得如下博弈均衡：

当：$PY + PC_1 - D < I < PY + PC_1$，利益集团和行政机构都选择私下和解，结果都优于上法庭；

当：$I \geqslant PY + PC_1$，由于利益集团要价过高，行政机构拒绝私下和解，上法庭的期望支付优于私下和解；利益集团选择上法庭，结果劣于私下和解；

当：$I \leqslant PY + PC_1 - D$，由于利益集团要价过低，行政机构选择私下和解，结果优于上法庭；利益集团接受私下和解，结果劣于上法庭的期望支付。

（3）利益集团代言人的博弈机制分析。

利益集团代言人机制是一种委托代理关系，利益集团作为委托人，代言人作为利益集团的代理人，代言人通过游说政府、引导舆论或发布专业性报告等方式为利益集团表达和争取集团利益。经济学的委托代理理论指出，由于信息在委托人与代理人之间的不对称分布，代理人有减少努力的动机，因此利益集团与其代言人之间存在着利益不一致或利益博弈问题。双方利益主体之间存在利益冲突或博弈，不一定非要用博弈论模型，经济学中关于成本收益的数理模型同样可以用于分析利益博弈机制。下面用经济学中的成本—收益法建立数理模型①，来分析利益集团和代言人之间的相互制约的成本收益关系。

我们假定利益集团代言人的行为集为 A，$\forall a \in A$，a 表示代言人的一个特定行动，a 用货币量表示，表示代言人获得的效用。不同的行动反映了代言人不同的努力程度，但努力也是有成本的。努力程度越高，虽然获得的效用 a 值更高，但其付出成本 W（a）也越大。

代言人的效用函数是：$U_A(I,\alpha) = W(\alpha) + K(\alpha)V(I)$

$W(a)$代表代言人努力的负效用，即行动努力带来的成本；$K(a)V(I)$代表报酬 I 给代言人带来的正效用。代言人最优选择的约束条件有两个：一是代言人的期望效用不能低于最低的保留效用，保留效用是不接受委托时拥有的效用；二是最优行动 α^* 带来的效用大于任何其他行动的效用值。由效用函数和两个约束条件，我们可以求得代言人最大化利益。

我们假定委托人利益集团知道代言人的效用函数、行动集 A 和各个行动

① 赵文华，席酉民. 委托代理问题中的两种数学方法. 管理工程学报，1999（2）：59.

发生的概率 $P_i(\alpha)$。对于代言人的任何行为 $a \in A$，利益集团相应可以制定一个最优报酬机制，这个最优报酬机制就是利益集团为诱导代言人采取这一行为而支付的相应最小成本，当然，代言人的这一行动也会使利益集团得到相应的收益 x_i，即代言人该行动给利益集团带来的收益。通过比较代言人全部行为下利益集团的收益和成本，收益和成本之差最大的行为就是最优行为 α^*，与最优行为相对应的报酬机制 I^* 就是最优解。下面给出数学表达式：

利益集团期望效用为：$U_P(x,I,\alpha) = \sum_{i=1}^{n} P_i(\alpha)(x_i - I_i)$

利益集团就是通过选择 a 和 I 来最大化其期望效用函数。其中 x_i 为代理人的产出，P_i（α）为代理人行动为 a 时产出 x_i 的概率。利益集团最优选择的约束条件有两个：一是利益集团的期望效用不能低于最低的保留效用，即利益集团聘请代言人时拥有的效用；二是最优选择 α^* 下，I^* 带来的效用大于任何其他行动的效用值。由效用函数和两个约束条件，我们可以求得利益集团最大化利益，这个利益与代言人的利益具有内在的相互制约性。

（4）游说的博弈机制分析。

政府出台一项新的行业管制政策，例如征收差别税，将会对该行业中的各个利益集团产生不同的影响，不妨简单划分为受益利益集团和受损利益集团。利益集团将会向政府官员进行游说或施加压力，意在使得政策向有利于本集团的方向变化。因此，管制政策的游说过程涉及三方利益主体：政策制定者；受益集团和受损集团。政策制定者在决定管制政策时，主要是为了追求政治利益 M。由于管制政策会导致财富在不同利益集团之间的转移支付，政策制定者的目标函数是使得受益集团和受损集团达到一定的平衡的条件下实现政治利益最大化。政治利益在民主制国家主要是通过投票支持的，假定政治利益 M 是由受益集团的支持票与受损集团反对票之差决定的，则政策制定者的效用函数为：

$M = n \cdot f - (N - n) \cdot h$

其中 n 是受益集团的人数，f 是受益集团投票支持的概率，N 是投票的总人数，h 是因税制变化而受损的集团反对的概率。

f 取决于受益集团单位净利益 g，即 $f = f(g)$。g 是单位通过管制获得转移支付的收益与付出成本的差额。其中，假定获得的净利益为 T，主要是通过管制政策从受损集团征税获得，假定税率为 t，税基为 B，则 $T = t \cdot B(N - n)$。

受益集团付出成本主要包括了两个方面：其一，为获得管制利益的外部成本 K，即对其政策制定者选举的资助、贿赂、减轻反对者呼声等。其二，内部组织成本 C（n），即利益集团内部统一协调的成本，它取决于集团的人数，人数越多，则成本越大。因此，受益集团的效用函数为：

$g = \frac{T - K - C(n)}{n}$；其中，投票支持的概率和受益集团的单位净利益是呈递减的正相关关系，即 $f'(g) > 0$；$f''(g) < 0$，净收益越高，投票的可能性越大。

我们再看受损集团的情况，h 是受损集团对政策制定者施加的压力，这个压力将会为受损集团带来一定的好处。h 取决于税率 t 和单位受益集团说服受损集团的资本 z，$z = \frac{K}{N - n}$，$h = h(t, z)$。其中，反对的概率 h 与税率 t 呈递增的函数，即 $h'(t) > 0$；$h''(t) > 0$，税率越高，反对的呼声越大，反对的概率 h 与用于说服的成本 z 呈递减的负相关，即 $h'(z) > 0$；$h''(z) > 0$，投入的说服成本越高，反对的概率越小。

因此，受损集团的效用函数 s 为：$s = \frac{K}{N - n} - t \cdot B(N - n)$.

决定政策制定者、受益集团和受损集团最大化效用的均衡解，显然是相互制约的，表现为利益博弈的关系，主要通过 t 和 K 两个参数来决定各方利益主体的均衡受益：税率 t 是受损集团对受益集团财富的转移，外部成本 K 可以视为政策制定者对这种财富转移的标价。此外，组织成本是决定利益集团的净利益的内生变量，组织成本越低，即单位人数越少，则利益越高，这就证明了为什么管制政策总是有利于小集团的利益。

3.3 金融制度改革与利益集团作用

利益集团这个概念似乎天然地和制度联系在一起，无论是在政治学还是经济学中，对利益集团的研究基本都是放在制度改革的背景下进行的。制度实际上就是一种行为规则。经济史学家诺斯指出："制度乃是一个社会中的游戏规则。更严格地说，制度是人为制定的限制，用以约束人类的互动行为"①。因此，制度可以形成对各类利益主体的行为的规范和制约。在制度外延上，有两点需要说明：其一，制度可分为正式规则和非正式规则。正式规则是以正式方

① ［美］道格拉斯·C. 诺斯. 制度、制度变迁与经济成就. 刘瑞华，译. 台北：台湾时报文化出版企业有限公司，1994：3.

式加以确定的各种制度安排，如宪法、产权制度和法规等，而非正式规则是指人们在长期的社会生活中逐步形成的习惯习俗、伦理道德、文化传统、价值观念、意识形态等对人们行为产生非正式约束的规则。本书所分析的制度仅限于正式的制度。其二，制度是分层次的，有宏观层面的基本制度，也有微观层面的操作制度。在金融领域的活动中，选择混业经营与混业监管，还是分业经营与分业监管，是影响金融各个领域和一国金融格局的基本制度；银行、证券、保险和信托等领域各自法规和监管制度，是各个金融子领域的基本制度；银行是选择股份制还是国有独资，证券发行制度和再融资制度等，是金融某个领域的具体操作性制度。本书所研究的金融制度主要侧重于微观的、操作层面的制度，尤其是侧重于金融制度变革过程的分析。当然，利益集团视角的分析方法却适用于各个层次金融制度的分析。

3.3.1 金融发展的金融政治经济学理论

关于金融制度的分析，总是避不开金融发展这个主题，一般来说，金融发展过程本身就伴随着金融制度的变革。但较早的金融发展理论，承袭经济学的研究范式，假定制度是外生变量，较多地对金融市场、金融机构和金融工具等因素进行分析，忽略了金融制度的作用。

3.3.1.1 金融发展理论及其转向

较早的金融发展理论可以主要概括为“金融中介论”、“金融结构论”、“金融深化论”、“金融创新论” 和 “金融约束论”。简单梳理如下：约翰·G. 格利和爱德华·S. 肖 1960 年出版的《金融理论中的货币》一书提出的“金融中介论”，强调多样化金融资产和多样化金融机构对金融发展的重要性①；雷蒙德·W. 戈德史密斯于 1969 年出版的《金融结构与金融发展》中，开创了“金融结构论”，金融发展意味着金融结构的变化，金融结构就是指各种金融工具和金融机构的相对规模；1973 年，爱德华·S. 肖和罗纳德·I. 麦金农先后分别出版了《经济发展中的金融深化》和《经济发展中的货币与资本》，提出了基于发展中国家金融抑制的“金融深化论”，并倡导金融自由化的主张；进入 20 世纪 70 年代，西方金融业进入大规模金融创新时期，金融创新成为金融发展的最重要的推动力，可以称之为“金融创新论”，国外金融创新的

---

① “我们试图发展一种包含货币理论的金融理论和一种包含银行理论的金融机构理论。”参见：[美] 约翰·G. 格利，爱德华·S. 肖. 金融理论中的货币. 上海：上海三联书店，1988.

理论研究的主要集中在探讨金融创新的动因方面①；以斯蒂格利茨为代表的新凯恩斯主义经济学家1997年从不完全信息市场的角度提出了“金融约束论”，该理论运用信息经济学理论对发展中国家的金融市场和金融体系进行了研究，指出金融市场七个方面的失灵，并提出发展中国家政府对存贷款和银行业进行管制的主张②。应该说，上述金融发展的“五论”都不可避免地要涉及作为分析对象的国家的金融制度，只是没有把制度因素突出地强调出来罢了。

3.3.1.2 金融政治经济学理论

如导论所述，国外经济学研究兴起一种“新政治经济学”趋向，许多经济学家把视角扩展至政治、意识形态、制度和文化等因素，来探索人们经济行为。20世纪末以来，金融发展理论也相应地开始了这种转向，研究中开始强调制度的、政治的因素，这种新的研究方法及其理论被称为“金融政治经济学”。金融政治经济学理论将国家、法律制度、金融政策、非正式制度以及利益集团③等因素纳入金融分析之中，这些因素原本是主流金融学作为外生变量来处理的，逐步被揭示出与金融发展有着密切的联系。

（1）金融发展的法律理论④。

金融发展的法律理论内容丰富广泛，首先从宏观层面上看，它涉及以下主题和主要结论：法律制度对投资者保护程度高的国家金融市场效率较高；法律制度对债权保护程度高的国家金融中介的价值较高；以银行主导的金融体系与以金融市场主导的金融体系并无明显差别，对投资者权利的法律保护程度是影响金融体系效率的更重要的因素、可以用法律起源的不同来解释各国金融业发展上的差异，大陆法系强调政府权力和政府干预，英美法系强调投资者个体权力；具有完善金融监管的国家，内部人控制的私人收益较低，金融市场因而比

① 金融创新理论主要包括：①西尔伯的约束诱致假说，认为金融创新是微观金融组织为了寻求最大化利润，减轻外部对其产生的金融压制而采取的自卫行为。②凯恩的“自由—管制的博弈”，他认为对金融的政府控制和因此而产生的规避行为或金融创新，是以政府和微观金融主体之间的博弈方式来进行的。③制度学派的金融创新理论，这派学者认为金融创新是一种与经济制度相互影响、互为因果的制度变革。④金融创新的交易成本理论，该理论的基本命题是“金融创新的支配因素是降低交易成本”。

② 斯蒂格利茨把金融市场失灵概括为七个方面：一是作为公共品的监控问题；二是监控、选择和贷款的外部性问题；三是金融机构破产的外部性问题；四是市场缺失和不完善问题；五是金融市场垄断问题；六是竞争性市场的帕累托无效率问题；七是投资者缺乏信息问题。金融约束论的政策主张包括：控制存款利率；限制银行业竞争；限制资产替代；贷款利率控制。

③ 江春，许立成．金融发展的政治经济学．财经问题研究，2007（8）：43.

④ 江曙霞，代涛．法与金融学研究文献综述及其对中国的启示．财经科学，2007（5）：2-4.

较发达。其次从微观层面看，它主要涉及公司治理问题：公司治理的本质就在于实现对外部投资者权利的保护，防止公司内部人对中小股东和债权人等外部人权利的剥夺；法律体系运行良好的国家更容易获得外部融资，且外部融资比例更高，期限更长；法律对产权保护越有效的国家，大规模公司的数量越多；治理结构完善的公司价值更大。

（2）金融发展的金融政策理论。

正式制度中，除了法律制度外，还有政府的金融主管部门制定的金融政策。金融政策对金融主体行为有着直接的影响，因此，不同国家实施不同金融政策，是导致各国金融发展水平差异的一个重要因素。有的学者①以27个发展中国家和发达国家为样本，研究金融自由化政策是否对金融发展有重大影响，是否是危险的。研究结果表明，金融自由化政策在发展中国家比在发达国家更加具有不稳定的后果，从长期看金融自由化政策对一个国家金融发展是有好处的，但中期却是充满危险，因此发展中国家要实行“安全的金融自由化”。

（3）金融发展的非正式制度理论。

对金融发展有重要影响的非正式的制度主要包括地理禀赋、文化因素和社会资本等，这些因素对人们的金融行为也会产生约束作用。

①金融发展的地理禀赋理论②。该理论用不同的欧洲殖民政策来解释殖民地不同的金融发展水平。地理禀赋可以用纬度或定居者死亡率来表示，殖民者在地理禀赋差的地方选择掠夺式的殖民政策，在地理禀赋好的地方选择定居式的殖民政策。定居式殖民政策导致了保护私人产权以及削弱政府权力的制度，从而有利于金融的发展；而掠夺式殖民政策带来的是少数精英统治的制度，私人产权得不到有效保护，不利于金融发展。而且他们的研究还表明，把地理禀赋和殖民者引入的法律体系两个变量做实证检验，结果是地理禀赋与金融发展联系更密切。

②金融发展的文化理论。该理论认为，宗教、语言以及信用在金融发展中起到重要的作用，研究表明，一国的宗教信仰以及语言习惯对债权人权利的法

---

① Wyplosz.：How Risky is Financial Struture in the Developing Countries? Comparative Economic Studies，Summer，2002：1－26.

② Acemoglu，D.，S. Johnson and J. A. Robinson，2001，“The colonial origins of comparative development：an empirical investigation”，American Economic Review91. 1369－1401.

律保护以及法律的执行效率有着显著的影响，因而对金融发展有着重要的影响①。信用与金融发展之间也有着密切的关联，在市场主体之间存在高信任度的地区，则金融发展水平越高。

③金融发展的社会资本理论。该理论强调社会资本在金融发展中的作用。社会资本是与经济资本、文化资本相对应的概念，美国社会学家科尔曼将社会资本定义为主体之间持续存在的社会关系，它不仅是社会结构的组成部分，同时是一种个人资源。它可以由权威关系、信任关系、规范信息网络、多功能的组织等等特定形式构成。社会资本对金融发展的影响也是以非正式制度方式进行的。

（4）金融发展的利益集团理论。

现有的金融发展理论往往忽视金融发展的政治基础，特别是利益集团的力量在金融发展中的作用。拉詹和津加莱斯（Rajan 和 Zingales）在金融领域的利益集团理论研究方面卓有成效。2003 年他们对法国和美国股票市场的对比研究中发现，美国和法国金融和非金融产业中的既得利益集团为了维护既得利益，所采取的阻挠金融发展的措施是造成两国金融制度显著差异的内在因素。2004 年他们以美国在过去一个世纪银行业的发展历程为依据，发现金融发展往往会受到既得利益集团的影响，特别是在经济衰退的时候，既得利益集团常常利用贫困人群对自由市场的反对来抵制金融的创新和发展，利益集团理论能够很好地解释金融发展历史中的逆转。Roe（1994）② 指出，由于企业和金融家之间的相互作用部分要由政治家来协调，因而政治决策就会影响到金融中介机构的结构，他用一种政治范式来分析美国金融中介机构的结构演变，得出结论认为，利益集团的目标和行为在金融中介演变过程中居于中心位置。

拉詹和津加莱斯（2004）③ 还提出，既然富有的既得利益者有许多方法来维护他们大市场垄断地位，为什么偏要选择阻碍金融市场的方法呢？他们认为有以下几个原因：其一，直接的进入限制执行起来通常成本很高，特别是当所限制的产品能找到许多替代品的时候，执行尤其困难。其二，实行积极的禁入限制政策，要经历一个比较公开的透明的政治流程。民主体制性下，你必须让

---

① Stulz，R. Williamson，R.，2003，“Culture，openness，and finance”，Journal of Financial Economics.

② Roe，M.（1994），Strong Managers and Weak Owners：The Political Roots of American Corporate Finance，Princeon，NJ，Princeton University Press.

③ 拉古拉迈·拉詹．路易吉·津加莱斯．从资本家手中拯救资本主义．余江，译．北京：中信出版社，2004：135－136.

公民知道限制新的竞争者对他们是有利的，但这通常很困难。其三，限制禁入障碍的设计越技术化，公众就越不容易进行合理的判断，而只能采取不关心的态度。其四，限制进入的领域主要是一些已有的老产业，而没有明确既得利益者可以拥有新的技术和经济领域的垄断权力。为了抑制利益集团对金融发展的阻碍，许多学者的研究表明一个分权、开放、竞争的政治结构比一个集权的政治结构更有利于削弱利益集团的影响，从而更有利于金融的长期发展，中央集权的政治体系更倾向于存在较不发达的金融体系。

3.3.2 中国金融发展的利益集团理论

国外学者对利益集团的研究主要集中在政治学中，其次是经济学，金融学对利益集团的研究还比较少。金融政治经济学在国内的金融研究中也才刚刚开始，尤其是从利益集团角度的研究还不多。我们可以把金融制度简化地分为两个层面，一是宏观层面，主要包括金融监管和宏观调控；二是微观层面，主要包括间接融资制度即银行制度和直接融资制度即资本市场制度。从前面国外学者关于利益集团的研究看，管制或监管对利益集团有更大的、非平等的影响，而宏观调控则一般对各个利益集团施加的是平等的影响，而且由于宏观调控的目标和对象都不是着眼于某个利益集团，利益集团也很难通过游说去影响宏观调控政策。因此，下面就分金融监管、银行改革和证券市场制度改革三个方面梳理国内学者关于中国金融发展中的利益集团理论。

3.3.2.1 利益集团对金融监管的影响

陆磊（2000）① 从利益集团角度分析了金融监管制度的选择问题。他认为，我国金融机构体系呈现少数机构垄断的特点，具备形成独立的利益集团的必要条件。而由少数机构组成的金融机构利益集团并不利于金融市场的发展，金融监管很可能面临丧失独立性的危险。文章还揭示出，在多利益集团存在的情况下，利益集团之间的竞争未必会带来福利的上升，竞争的好处往往表现为监管当局租金的上升，而不一定是消费者剩余的增加。

谢平、陆磊（2003）② 用“中间过程利益集团”来解释金融监管过程中的金融腐败问题。他们认为中国经济体制改革打破了传统的计划体制，引进了市场交易，同时也造就了“中间过程利益集团”。所谓中间过程利益集团大都体

① 陆磊. 信息结构、利益集团与公共政策：当前金融监管制度选择中的理论问题. 经济研究，2000（12）：10.

② 谢平，陆磊. 利益共同体的胁迫与共谋行为：论金融监管腐败的一般性特征与部门特征. 金融研究，2003（7）.

现为权力的主体。在金融部门，就体现为具有监管权力、货币分配权力，或者信贷配置权力的主体。这一利益集团的特征是：他们不喜欢传统计划体制，因为计划体制不能赋予他们寻租的机会；他们也不喜欢真正的市场体制，因为市场体制剥夺了他们寻租赖以存在的权力；同时他们还不喜欢透明度，因为在光天化日之下，腐败很难进行。因此，他们喜欢偏爱中间状态，喜欢长时间的转轨，喜欢界定不清的所谓“中国特色”。他们的研究发现，中间过程利益集团是不可能有积极性改革自己的权利的，必须通过外部强力推动，坚定不移地下放权力，坚定不移地推行透明度建设才是金融反腐败的根本举措。

管制和行贿、寻租一直都是相伴相生的，中国也不例外，而且问卷调查表明，多数人认为中国金融监管腐败严重。金融机构行贿有两类原因，或者是为了新业务的审批，或者是为了违规行为的脱责，都必须得到监管部门的认同。金融监管机构作为公共利益的代表者，在处于经济转轨过程中的中国，可以演化为独立的中间过程利益集团，因公权设租，为私利寻租，这是个值得深入研究的现象。监管腐败程度与两个因素有关，一是被监管机构超额利润越高，监管腐败越严重，二是监管权力介入市场的直接程度越高，腐败越严重，换言之，银行监管的腐败程度低于证券监管的腐败程度。

3.3.2.2　利益集团对中国银行制度改革的影响

罗金生（2002）[①] 提出“政治银行家”理论，制度变迁是个政治过程，中国金融制度变迁的具体过程，完全取决于“政治人”和“经济人”的特定利益偏好结构和利益行为主体之间的力量对比。就此他得出结论，政治银行家对政治经济成本和收益的计算，是对金融制度变迁的性质和范围做出解释的关键。政治银行家既追求货币收益，也追求非货币性收益，例如官位权力、政治支持、社会声誉等等。政治银行家的效用函数包含上述两方面收益，按照上级指令分配金融资源，成为政治银行家的核心任务，任务完成情况决定了其非货币收益的多少；而在金融资源分配过程中的个人非正规货币收益，决定了政治银行家的货币收益总量。当政治银行家的效用函数与社会效用函数不一致时，可以一定程度上将个人成本外部化、制度收益内在化，从银行改革过程谋取私利。罗金生（2003）[②] 从利益集团视角分析，用控制权收益概念解读了我国中小商业银行的制度变迁。他认为我国中小银行是追逐控制权收益的准市场组

---

① 罗金生．金融制度渐进变迁中的“政治银行家”．经济社会体制比较，2002（4）：93－94.

② 罗金生．利益集团与制度变迁：渐进转轨中的中小银行．北京：中国金融出版社，2003：211，218.

织，其制度变迁受制于一个社会的利益集团之间的权力结构和社会偏好。伴随着利益集团寻求制度变迁收益及其分割方式的演化，在规则冲突与协调过程中租金逐步耗散，控制权收益逐步转化为市场收益，准市场组织的中小银行演进为市场组织的中小银行。

陆磊、李世宏（2004）[①] 在《中央—地方—国有银行—公众博弈：国有独资商业银行改革的基本逻辑》一文中，运用四部门博弈模型分析国有银行运行与改革的初始条件，其结论是银行在融资形式中的主导地位和国有银行在银行业中的主导地位是公众自发选择的结果，国有银行间存在质的差别，工商银行与农业银行政策性色彩浓厚，建设银行和中国银行市场化程度更高，应该选择不同的改革模式；国有银行不良贷款生存是中央和地方干预的结果，注资等于清理国家欠账。

张跃文（2005）[②] 在“政治银行家”基础上，然后加入“政治企业家”，两者效用函数相似，他通过两个利益集团的合谋来解释中国金融制度变迁的滞后性。他认为从制度依赖性的角度来看，由旧体制长期培养出来的政治银行家，已经习惯于旧金融制度下国有银行的角色定位和个人利益分配结构，政治银行家成为旧制度的坚定捍卫者。由于政治银行家群体目标一致，数量不大，极可能形成政治银行家利益集团，共同行动以阻碍金融制度向不利于自己的方向变迁。政治企业家也习惯于现有体制下银行对国有企业金融资源的无效率供给，但由于人数众多，难以形成能够一致行动的有效率的利益集团。政治银行家集团和政治企业家目标一致，具备一致行动的基本条件，而且两大集团拥有足够的资源和政治影响力，他们的合谋导致中国金融改革相对于经济发展比较滞后。

江春、许立成（2007）[③] 运用125个国家和地区的数据首次系统地检验了金融发展的政治经济学理论，他们设置了金融发展水平、利益集团的力量、经济发展水平、政治制度、法律制度、文化传统和地理禀赋等7个变量来验证金融发展的影响因素，其中一国的利益集团的力量使用银行集中度来表示。他们的研究发现，金融利益集团的力量对金融发展有着显著稳定的负面作用，说明一国利益集团的力量越大，金融发展就越差。同时，他们研究还发现，金融发展的政治经济学理论能够很好地解释中国国有商业银行改革的逻辑。

---

① 陆磊，李世宏．中央—地方—国有银行—公众博弈：国有独资商业银行改革的基本逻辑．经济研究，2004（10）：54.

② 张跃文．中国金融制度变迁中的利益集团活动．中国城市经济，2005（5）：43－44.

③ 江春，许立成．金融发展的政治经济学．财经问题研究，2007（8）：43.

这些研究与国外学者的研究结论有诸多相似之处，多数都揭示出既得利益集团对金融发展和金融制度改革有着显著的负面作用。所以我们可以得出以下一些基本结论：①金融利益集团的力量越大，那么它就越有能力和动力采取措施影响政府的金融政策，要求政府实行更为严格的进入管制措施来维护自己的既得利益，从而阻碍了市场的竞争。②金融利益集团的力量与它对金融资源的垄断程度往往是一致的。金融利益集团的力量越大，金融垄断程度越高，从而金融服务的质量就会越差，金融就会越不发达。③在存在强大金融利益集团力量的金融环境中，金融业务的核心不再是开发新的金融产品，促进实体经济的发展，而是如何维护既得利益，防止竞争，从而不利于金融的发展。

3.3.2.3　利益集团对证券市场改革的影响

中国证券市场作为经济转轨过程中的新兴市场，是在我国特有的法律制度、金融体制、政府干预、利益集团冲突等条件下发育成长起来的。从利益集团角度的研究，一般集中在股权分置、新股发行或再融资过程之中，因为在这些金融过程中利益集团的作用比较明显。

从利益集团角度分析股权分置改革的文章比较多，当然大多数停留于价值判断，实证研究和跟踪研究的还很少，我们只能选择几篇观点上具有代表性的文章。易宪容（2006）认为股权分置改革是各方利益集团的博弈，是不同群体之间的利益大调整，以此改变市场利益相关者的行为及预期。他强调流通股东是分散状态的弱势群体，需要一种程序公正来保障其利益。张小茜（2006）在“博弈论视角下的股权分置改革”一文中，将股权分置改革视为是非流通股股东和流通股股东的利益再分配，股改方案的制订是一个博弈过程，双方希望最大化各自收益的结果达到了股改的整体收益。其结论是：股权分置改革实现了增值；非流通股股东在博弈中具有强势；流通股股东缺乏理性。刘丹等（2007）[①] 在实证分析早期股权分置改革案例基础上指出，股改支付对价已经与公司基本面没有关系，本来股权分置改革应该是流通股东与非流通股东之间达成合意的支付对价的过程，但是股改进入中后期，公司内部股东间的博弈效率服从于资本市场改革的整体效率，股改支付对价与流通股股东持股比例呈负相关，说明流通股东依然处于弱势地位。

股票发行制度也是各方利益集团博弈的重要领域。魏灿秋（1997）[②] 将新股发行制度视为政府与投资者之间的动态博弈过程。新股发行涉及股票发行数

① 刘丹，吴玉立，乔志诚．股权分置改革的进一步分析：制度变迁视角．南方金融，2007（3）：53 页．

② 魏灿秋．动态博弈原理在新股发行中的运用．财经科学，1997（6）：56.

量和价格，政府在高市盈率发行和适度市盈率发行之间选择，投资者则相应表现为申购高积极性和低积极性。动态博弈均衡的结果是，政府将选择适度市盈率的新股发行制度，这个结论基本与我国新股发行制度的演变相吻合。蒋美云(2006)① 构建了证监会发审委与拟上市公司之间的动态博弈模型，结论是提高造假成本、完善证券诉讼制度、规范中介机构的行为、提高发审委员会的效率和廉洁程度等制度性因素，可以提高我国证券市场上市公司质量。巴曙松等(2007)② 考虑了新股发行中机构投资者和中小投资者两类利益集团，基于两类投资者不同的功能和相互关系，提出了赋予主承销商一定股票分配权、降低机构投资者的网上申购额度、扩大询价对象的数量和种类以及引入辅助平衡机制等。

有一些学者对我国证券市场的利益集团的特点进行了分析。赖勤学(2005)③ 将我国证券市场利益集团划分为监管层、上市公司、券商和基金、中小投资者、股评家等，并分析各自的特点。这些利益集团依赖原有制度而形成，也因而受制于原有制度而不利于证券市场改革。他认为必须把利益集团的活动纳入法制轨道，政府作为强势利益集团应该主动变革，缓解证券市场剧烈震荡带来的合法性危机。纪玉山，张跃文（2005）从金融制度变迁的角度说明，我国证券市场中缺乏约束的利益集团活动和不透明的政策制定过程，会有损于市场规则的公平性，从而损害公共利益，不利于金融制度的顺利变迁。任聪（2007)④ 认为我国证券市场中的利益集团，存在较为严重的信用缺失问题，这将会给证券市场发展带来很大的负外部性。他运用博弈论工具分析了利益集团合谋及其监管问题，指出利益集团合谋能获得高额收益，却没有相应的监管来抑制，承担的违规成本也非常低。黄瑞龙（2006)⑤ 认为，由于国家主导的股权制度过于强制性，从而剥夺了流通股东用手投票的权利，因此几次股权改革均失败。在这次股权分置改革过程中，流通股东获得用手投票的权利，国家强制性得到一定的缓和，由流通股东和非流通股东为基础形成的若干个利益集团，将通过分类表决机制达到各方利益的均衡。

---

① 蒋美云. 股票发行监管的博弈分析和发行审核制度的选择. 商业经济与管理，2006（6）：51－52.

② 巴曙松. 新股发行中机构投资者和中小投资者的利益平衡机制研究. 海南金融，2007（2）.

③ 赖勤学. 利益集团与中国股市改革的路径依赖. 龙岩师专学报，2005（1）.

④ 任聪. 我国证券市场利益集团问题研究. 中国优秀硕士学位论文全文数据库，第9页.

⑤ 黄瑞龙. 我国股权制度变迁中的利益集团博弈. 中国优秀硕士学位论文全文数据库.

3.3.2.4 国家作为利益集团对金融改革的影响

如果把国家看成是最强势的一类利益集团，那么从国家利益集团角度来分析我国金融制度改革将是一个很特别又很适用的视角，因为我国金融制度改革基本上是国家主导推动的。

张杰（1998）[①] 基于诺斯理论，提出了一个国家效用函数，其中包括四个变量："追求垄断的产权形式"和"追求垄断产权'增量'的扩展"是两个内生变量，代表了国家追求金融资源支配权的偏好。而"产权安排结构"和"外部竞争因素"是两个外生变量，代表了国家在追求金融资源支配权过程中的约束。

林波（2000）[②] 提出一个扩展性国家效用函数以适应金融制度变迁的分析。在金融方面的国家效用函数中有四个内生变量：①直接控制金融的收益与成本；②资源配置效率；③金融安全；④宏观调控有效性。同时有五个外生变量：①产权安排结构；②外部的竞争因素；③意识形态、观念和改革经验、知识等；④其他制度安排；⑤预期的地方政府和下层金融组织的效用最大化追求方式。文章认为，与其说是国家"自上而下"地设计或创造了制度变迁，不如说是国家引导了中国金融制度变迁。制度存量很大程度上是下层结构对国家选择的制度创新空间产生的制度不均衡的反映。

段银弟（2003）[③] 认为政府是金融制度变迁的主导者，政府引发金融制度变迁的目的在于增加所代表的政治集团的效用即国家的效用，由于中国政府性质的稳定性和连续性，实施金融制度变迁的主体是政治银行家，政治银行家为了稳固地位，在主导金融制度变迁过程中，加进了自身的效用函数，所以，中国金融制度变迁的路径是国家效用函数和政治银行家个人效用函数的统一。

江曙霞、罗杰（2004）[④] 以诺斯的"国家悖论"[⑤] 为基础，通过对国有银行改革的政府效用函数阶段性特征的分析，试图建立一个"二元结构两阶段"的政府效用函数模型。文章研究表明，以政府垄断供给主导的国有商业银行制度变迁过程中，当直接控制国有银行的成本迅速上升时，政府效用函数将发生

---

① 张杰．中国金融制度的结构与变迁．太原：山西经济出版社，1998．

② 林波．论中国金融制度变迁中的国家模型与效用函数．金融研究，2000（12）．

③ 段银弟．论中国金融制度变迁的效用函数．金融研究，2003（12）：91．

④ 江曙霞，罗杰．国有商业银行改革中政府效用函数的动态优化．财经研究，2004（11）．

⑤ 诺斯把国家目标分为两个：一是界定产权结构的竞争与合作的基本规则，这使统治者的租金最大化。二是在第一个目标的框架下降低交易费用以使得社会产出最大化，从而使国家的税收最大化。从本质上讲，国家上述两个目标是冲突的，第二个目标包含一套使社会产出最大化而完全有效率的产权，而第一个目标是企图确立一套歧视性的规则以保证统治者收入最大化。

结构性优化，即从租金偏好转向效率偏好。

张杰（2005）[①] 基于金融政治经济学的分析视角，认为不同的制度环境以及社会合作能力决定一个制度有效组合中政府因素与私人因素的不同比例，并由此定义不同类型的市场经济；不同类型的市场经济会对银行制度提出各异的需求；不同的银行制度之间不存在先验的优劣之分。由此他认为国有银行改革的要害在于有效地还原作为出资人的政府的完整的市场角色，政府是市场中人，是构成市场而不是弥补市场。

① 张杰. 究竟是什么决定一国银行制度的选择. 金融研究，2005（9）：1.

4 中国证券市场制度改革中利益集团作用机制分析

中国证券市场是经济转轨过程中的不成熟的新兴市场，证券市场制度的改革比较频繁，制度的稳定性和持续性都远不如银行业。证券市场制度可以大致分为证券发行制度、证券交易制度和证券监管制度。证券发行制度是指新股发行、股权再融资、发行债券及可转换债券等过程中各方的权力义务和行为规范，主要包括发行审核制度、发行方式和定价机制；证券交易制度是证券买卖过程中各方交易者的行为规范，例如开户销户、资金托管、报价程序、结算程序、信用交易等，基本属于技术性的操作规范；证券监管制度是指证券市场主管部门对各类证券交易参与者和证券市场进行约束的各种制度规范，可以归结为对上市公司的信息监管、对证券中介机构监管和对证券市场的交易监管等。本章的制度分析将不包括证券交易制度和证券监管制度，因为证券交易制度更多地表现为一种技术性操作规范①，而证券监管制度虽然涉及微观利益主体和监管层的博弈，这种博弈机制在下文证券发行制度的分析中已经得到充分体现，而且两者的作用机制基本一致。因此，本章后面两节内容分别是对新股发行（IPO）、股权再融资（SEO）这两类有代表性制度的利益集团博弈角度的分析。

4.1 中国证券市场利益集团特征分析

由于一开始定位于为国有企业融资，许多制度改革都围绕这个中心进行，

① 例如交易高峰时委托下单困难、银证资金转账有障碍、网上交易资金被盗等，虽然也涉及交易双方当事人的利益，但这些问题主要通过技术性手段来解决。虽然以前存在过证券营业部挪用客户保证金的现象，但解决这个问题也还是要通过资金托管的技术手段。

导致中国证券市场功能比较单一，各利益主体之间的关系也比较扭曲，特别是中小投资者的保护很不到位。随着证券市场不断发展和完善，在保障融资功能的同时，证券市场日益成为中国民众财产性收入增长的主要渠道，证券市场制度改革也开始逐步转向以保护中小投资者为主的方向上来，各类利益主体或利益集团的关系也变得较为协调。

4.1.1 各类利益集团的目标函数和约束条件

中国证券市场的利益集团与市场的参与主体密切相关，正是由于参与主体自身利益与证券市场的发展紧密联系，使得具有相同利益的主体组成不同的利益集团。下面各类利益主体之所以被称为利益集团，因为他们或者本身就是机构，是一个集体决策单位，或者是具有共同利益的可组织的群体，都不是单纯从自然人角度分析其行为。按照参与主体的不同，证券市场利益集团可以划分为以下几类：

4.1.1.1 监管主体

（1）监管主体是以中国证监会为代表的政府机构。在股票市场刚刚起步的20世纪90年代，证券市场监管主体包括人民银行、中央及地方体改委、计委和国务院证券委等政府部门。而随着市场规模的扩大，其在国民经济中的地位也日益提高，1998年8月国务院证券委被撤销后，其职能并入中国证监会，地方证券监管部门改由证监会垂直领导，证券市场主导监管者的权力开始集中统一。

作为行使公共职能的政府部门，其身份本来应是执行监管职能，而不应成为利益集团的一极，或者应该是交易各方的利益的协调者，而不应该偏袒哪一方。但我国证券市场一开始定位于为国有企业融资，作为监管者也同样体现了这一国家意志，即监管者产生了价值偏向或利益偏向。监管层身具双重身份，当融资需要与市场有序发展发生矛盾时，必然以融资需要为重。这使得股市的融资功能被极大地强化，国家作为中国最大的非流通股股东，通过证券市场能使大量微利或亏损的国有企业通过上市在证券市场获得资金补给，国家利益也就成功地实现最大化了。当然，随着证券市场不断完善，监管者也逐步转向以保护中小投资者为主的监管职能。

（2）监管者目标函数与约束条件。在证券市场上，监管者（代表政府）作为资本市场的规则提供者，又是国有产权的所有者，作为一个追求自身利益最大化的理性人，无论是对证券市场的介入还是具体管制制度的确立都服务于其效用函数的最大化。在证券市场上，监管者的具体管制目标为通过垄断性的产权设置获得“垄断租金”并使之流向国有企业，从而维持国有企业的经营和发展。另外，监管者仍承担着制定证券市场游戏规则、保护市场参与主体的合法利益、营造健康公平的市场环境、维护有效运转的市场秩序等职责，并从中获得资源配置效率提高带来的间接收益。

监管者面临的主要约束条件为：①监管者的有限理性。制订和实施监管政策需要充分的信息和高度的理性，证券市场中的微观主体一直在与监管者进行博弈，所谓“上有政策，下有对策”。但监管者并不是完美的智者，监管者也在不断学习和完善。他必须在不断的探索中，在尊重市场、平衡各类微观主体利益的基础上对监管制度进行不断改进和完善。②市场约束。市场约束包括证券市场大起大落的行情变化、市场主体的信用缺失等，这些因素极大地影响了证券市场的有效性，也给监管层评估证券市场动态，制定监管政策，实施有效监管带来困难。③监管机构之间的制约。由于上市公司可能涉及多个监管机构，例如国有控股公司，它的产权结构变化可能受到国资委的制约，它的大型投融资项目可能需要发改委的审批等。证券市场的直接监管者证监会不可能不考虑其他监管部门的意见，而每一个监管者都有自己的目标函数，不一定能保持行动的一致，例如证监会希望资金宽松一些的时候，而人民银行却可能坚持从紧的货币政策。④意识形态约束。中国证券市场是在转型经济中建立和发展的，以往的意识形态会以各种方式影响到新的制度安排，国有股必须占控股地位就是一种公有制意识形态约束下产生的理念。

4.1.1.2 发行主体

发行主体是指以上市公司为代表的融资主体。上市公司通过股票市场顺利筹集自己所需的资金，提高企业形象，促进企业的发展。上市公司的目标函数是公司价值最大化或股东权益最大化，企业通过发行股票融资、扩大生产规模、改善资产负债结构、降低财务支出等提高经营绩效，为投资者提供收益。当然，在实际中，由于现代公司普遍存在的、国有企业尤其严重的委托代理问题，使得作为委托人的公司股东与作为代理人的经理层目标函数会不一致，可能会分化形成不同的利益集团，这需要具体情况具体分析。发行主体的约束条件主要来自两方面：

(1) 监管者对新股发行门槛的规定及对公司融资行为的监督。上市公司想融资就必须满足融资制度中关于股票发行的硬性规定，同时在整个融资过程中必须使自己的行为合法合规。否则，上市公司不合规的融资行为会给上市公司带来寻租、制假、处罚等的成本。但现实中他们受到权力和制度的双重庇护，没有很强的信托责任，总是有着极强的融资和再融资冲动。监管者之所以没有真正施加强大的约束，是因为企业融资规模越大，政府、上市公司、投资银行等强势利益集团都能从中获得收益，虽然广大股民的利益受到损害，但股民利益集团处于弱势地位，或者说大多数时候还无法组织成有威胁的利益集团。

（2）市场投资者对上市公司发行规模、价格和时机的认可度，即市场约束。投资者通过研究公司的经营状况和股价走势，是否看好该公司，愿意购买股票，也直接关系到上市公司融资的成败和效果。

4.1.1.3 中介主体

中介主体是指以证券公司、会计师事务所、律师事务所、资产评估事务所等为代表的中介机构。上述机构都是为上市主体在市场上进行直接融资提供服务的主体。他们以证券的发行和流通为其经营业务，为筹资者和融资者提供专业服务，协调和保证证券市场规范化运行，从中获取适当的交易费收入。中介机构的目标函数自身利益最大化，即佣金最大化。佣金包含基数和比例两个方面，证券中介通过尽可能提供较好的服务以及良好的软硬件设施，来获得较高的佣金比例，同时证券市场发行规模的扩大、市值增长也可以为中介主体带来更大的收益。其约束条件包括：

（1）来自上市公司的利益诱惑及压力。从证券市场产生之始，中介机构就与上市公司紧密联系，上市公司是证券中介机构的重要客户，并且中介机构在参加上市公司股票发行、上市、交易的过程中，利益已跟上市公司“捆绑”在一起了，中介机构有时甚至会维护、默认上市公司的造假行为或是协助上市公司作假。

（2）监管部门的查处力度。当监管部门将责任明晰落实到个人时，例如实施保荐人制度，中介机构与上市公司的合谋行为将会减少很多。

4.1.1.4 投资主体

投资主体是指以广大散户投资者和以基金、证券公司为代表的机构投资者。由于中国证券市场上，投资于一级市场和二级市场的投资者在风险和收益上具有非常大的差异，因此有时候也可以把他们归属于不同的利益集团。

（1）券商、基金等机构投资者。他们是市场投资的主要力量，由于数量较少，且具有共同的利益，所以很容易结成利益集团，发出共同的利益诉求，与中小投资者争利，向监管层施压。因此，他们通常可以享受政策照顾和信息优势，在申购、增发、可转债、战略投资者、非流通股转让等许多方面占据优势交易地位。机构投资者之间也会产生利益冲突，在作为利益集团一个整体向监管者呼吁共同利益，做大行业的蛋糕之后，在如何分配蛋糕上他们也会存在利益冲突。他们可能与私募基金合谋，上演坐庄和利益输送的黑幕；也可能与中小投资者一样，对投资现状产生不满，与中小投资者结盟形成集体的用脚投票，以此对肆无忌惮的融资者和无所作为的监管者发出声音、施加压力。机构投资者的目标函数是机构收益最大化和管理者收益最大化的结合。机构投资者不但可以获得证券的收益权，还因为持股数量较大而获得对公司治理的控制权。机构投资者的利润来源有多种类型，基金是靠管理基金的规模带来的管理费、申购费及手续费等，券商主要靠佣金收入（含委托理财）和自营投资收入，此外还有利用证券控制权、资金优势和信息优势带来的其他收益。

机构投资者的约束条件主要包括：其一，来自基金持有人或客户的压力。基金持有人的赎回行为对基金形成巨大制约，赎回产生的流动性压力将导致基金被迫出售股票，还会使得基金规模缩小；券商之间争夺客户的竞争，使得主要靠佣金生存的他们面临很大压力；其二也是来自上市公司的利益诱惑及压力。上市公司的大股东十分看重机构投资者在其融资决策中的态度，因此在融资决策之际与基金公司、券商等机构进行交流沟通，同时施以利益诱惑。当然如果机构投资者反对他们的融资决策，大股东也会施加一定的压力，特别是基金赎回的威胁；其三，监管部门的查处力度。监管部门对联合坐庄、操纵股价和老鼠仓等违规交易行为会进行查处，查处力度是机构投资者行为的重要影响因素。

（2）中小投资者。他们是中小股东，但更多时候被称为股民，他们属于权益比较被忽视的群体，是数量最庞大、影响也最大却话语权最小的利益集团。由于他们极度分散，是一个个互相独立的原子，用手投票时难以撼动大股东的议案，只有在集体用脚投票时，才会对监管者施加一定的压力。同时，法律在证券诉讼方面极为滞后，难以对利益受到侵害的中小投资者提供法律救济，比如集体诉讼制度的完善、金融监管中举证责任倒置即辩方举证等。中小投资者的目标非常的简单，就是证券的分红和资本利得，即投资收益最大化。虽然投资证券可以获得收益权和控制权的双重权益，但由于散户持股数量较小且分散，一般不具有很强的控制权意义。

中小投资者的约束条件主要有：其一，信息的不对称。投资者往往根据上市公司发布招股说明书，公司报表等披露的信息作为判断上市公司盈利水平及发展前景的标准，进而做出投资决策，然而由于中介机构和上市公司的信用缺失，报表往往不能传达真实有用的信息，再加上获取信息渠道有限以及边际信息搜寻成本的限制，投资者往往无法掌握关于上市公司所有的信息，也很难判断出信息的可靠性，从而影响投资决策的准确性；其二，表达和实现利益诉求的途径不畅。投资者尤其是中小投资者难以形成有组织的利益集团保护自身的利益，因为组织成本巨大，在“用手投票”实现所持证券的控制权权利中，资本多数表决原则往往会忽视中小股东的意志。中小股东既不能顺利地通过有利于自身利益的经营决策、利益分配方案，也不能选出代表维护自身利益的职业经理人。面对如此不对称的博弈力量，中小投资者难以与上市公司及其控股股东抗衡，往往只能选择用脚投票来发出声音，以此抵制上市公司不合理的融资行为。

4.1.2 中国证券市场利益集团的特征分析

我国证券市场是在很复杂的经济社会环境下成长发展的，经济制度在转轨，社会结构在分化，因此，在我国证券市场上形成的利益集团是较特殊的群体，具有复杂的性质。

4.1.2.1 股权分置导致的利益分化是中国证券市场利益集团形成的特殊背景

中国国证券市场是在股权割裂的制度设计中产生的，股权结构是国有股占控股地位下的股权分裂，同股不同权，一开始就呈现出国家主导、各类利益主体不平等的状态。由于这种利益分化如此明显，加之证券市场的股东身份较方便识别，因此很容易形成不同的利益群体，这样的特殊背景为各类利益集团的形成提供了特殊的条件。

4.1.2.2 证券市场的特殊定位形成了中国证券市场的既得利益集团

中国证券市场是伴随着国有企业改革而发展起来的，证券市场的功能定位实际上就是为国有企业改革提供融资平台。这是一种制度优势，围绕这个融资平台生存着一大群带有国有控股性质的机构，包括企业、证券公司、基金，他们都是这个证券市场中的既得利益集团。这种特殊的市场定位，必将形成一种价值或利益导向，凡有利于这个特殊市场定位有效运转的制度或机构，都具有一种强势特征，例如需要融资的公司的大股东相对于众多作为投资者的小股东具有制度性强势。

4.1.2.3 对投资者保护的缺乏是中国证券市场弱势利益集团形成的根源

由于过分强调融资功能，证券市场通常具备的资源配置功能、价值发现功能、投资增值功能都被削弱，中小投资者在证券市场上承受着远远超过其投资收益的投资风险，而且这种风险与收益的不对称不但长期存在，且被“投资者风险自担”一句话消解了其经济上的不合理性和伦理上的非正当性。对投资者保护的缺位，是证券市场特殊功能定位的必然结果。只有当投资者受损严重到丧失信心，大量退出市场，使得证券市场融资功能失去基础的时候，投资者保护才阶段性地得到重视。

4.1.2.4 证券市场持续不断的显性利益冲突使得中国证券市场利益集团显性化程度较高

由于证券市场是标准化的证券交易市场，证券的价格和数量都是可以获得的公共信息，上市公司各类财务信息和经营管理信息公开程度也较高，相对其他许多领域利益关系比较模糊而言，证券市场上各类利益主体比较容易计算自己的风险收益，因而证券市场中的利益集团的显性化程度比较高，进而证券市场上利益的冲突非常明显。由于证券投资者的利益诉求比较容易表达清楚，具有相同利益的个体也就很容易相互识别并聚合成利益群体，在适当的时候或合适的组织机制下，就能形成可以一致行动的利益集团。例如，在股权分置改革中，流通股股东和非流通股股东的利益对立非常清晰，虽然流通股股东人数很多，但通过网络投票机制，很容易就结成一个有影响力的利益集团。

4.1.2.5 证券市场运行状况使得中国证券市场利益集团具有较强的集团意识和维权意识

由于中国证券市场运行具有政策市的内在动因和大起大落的外在表现，加之对投资者保护缺位，一般投资者很难长期生存。生存下来的投资者一般具有较强的自我保护能力，他们更倾向于采取集体行动来发出共同的声音，所以恰恰由于被侵权成为常态，中国的弱势投资者反而有更强的维权意识和集团意识。此外，由于股市价格操纵比较常见，内幕信息交易很流行，投资者形成一个利益群体后，更容易交流信息和形成一致行动，只有这样才能更好地拓展在证券市场的生存空间。比如在网络这个虚拟世界里，关于证券投资的股吧或者是 QQ 群，数量是最多，比例是最高的，说明投资者利益群体是具有较强的集团意识、维权意识和信息交流需求的。

4.1.2.6 中国证券市场利益群体组织化程度差异较大、强势集团与弱势集团力量失衡严重

数量巨大的中小投资者分布过于分散，即便具有较强的集团意识和维权意识，也未必能形成有效的组织形式，他们在表达利益诉求和维护合法利益上弱势依旧。当然，随着互联网络影响的扩大，中小投资者的组织化程度因网络投票机制、网络结盟而大大提高。但强势利益集团更容易形成有效的组织，依然能获得更多的政府和法律上的支持。例如证券投资基金，由于数量有限，很容易形成合谋行为。虽然他们之间有时候也存在分歧，但绝大多数时候他们在证券投资上表现出惊人的趋同性，在股东大会用手投票时也表现出很强的一致性。当然，这也是机构投资者被诟病的一个重要原因，这种趋同性与散户的羊

群效应很类似，因此许多人质疑机构投资者的理性程度未必高于散户。由于组织化程度的差异，强势利益集团显得更有话语权，在决定市场走向和公司内部表决上更有影响力，强势利益集团与弱势利益集团的利益分歧和对立依然严重，且力量失衡的趋势并未有根本好转。

4.1.2.7 由于证券内含的收益权与控制权的非均衡性，导致了大股东和中小股东利益倾向存在明显区别

虽然从一般的原理上讲，同股应该同权，但由于证券中内含着收益权和控制权两类权益，而这两种权益的分布是不均衡的，所以现实中的同股很难同权。实际中的收益权对所有的股东确实是平等的，但实际中的控制权却并非如此。中小股东虽然名义上具有投票表决权，但是实际上选择行使这些权力的投资者比例却不高，形成集体行动表达共同态度、实现共同利益的可能性微乎其微，这是一个无法回避的事实。因此，中小股东对公司的控制权与其持股比例并不一致，其中的差异部分为大股东所占有，大股东实际上掌握着公司控制权。这种现象并不只是中国证券市场存在，其他国家或者发达国家也存在一定程度的这种控制权非均等问题。证券内涵的控制权与股份比例具有法理上的一致性和现实的不一致性，大股东的控制权超过其持股比例，中小股东的控制权小于其持股比例，这导致两类利益集团有不同的利益取向。中小股东倾向于获取较高的收益，大股东倾向于更大的公司规模和更高的控制权。

4.2 新股发行制度改革中利益集团作用机制分析

4.2.1 新股发行制度沿革

对新股发行制度沿革的分析，是为了更深刻认识新股发行过程中是哪些利益集团在起着推动作用，各类利益集团具有什么样的特征，其成本收益如何受到新股发行制度改革的影响，他们具有怎样的效用函数和约束条件。下面从发行审核制度、发行方式和定价机制三个方面分别对我国新股发行制度沿革进行回顾。

4.2.1.1 我国新股发行审核制度的演进

新股发行审核制度按市场化程度由低至高可分为行政审批制、核准制和注册制三种形式。究竟选择哪种制度是与一国的证券市场发育水平和监管体制密切相关。我国新股发行审核制度的变革大致可以分为以下四个阶段，如图4-1所示：

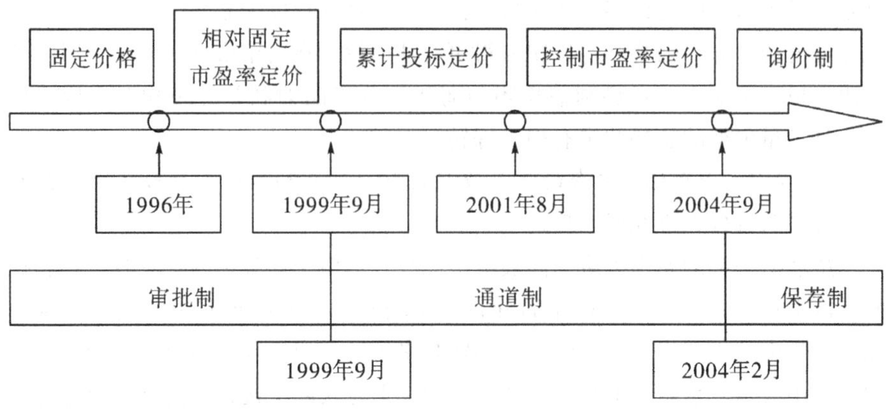

图 4-1 我国新股发行审核制度变革史

（1）1992 年以前股份制改造试点。

这是中国证券市场启动阶段，也是关于股份制和股票认识的思想启蒙阶段。股票发行的规模都很小，公司股份制改制及股票发行工作也严格地限定在深圳、上海两地小范围试点。

（2）1993—1999 年间的审批制。

审批制是发行额度指标限度内的严格的行政性审查制度。政府每年确定股票发行额度，然后按一定规则将此额度分配给各部门、各地区，发行人要发行股票就必须取得所在部门或地区的发行额度并在发行时不得超过此额度。1993 年 4 月，国务院发布《股票发行与交易管理暂行条例》规定股票发行实行审批制度，并且由国家规定每年的股票发行规模，实行额度控制和限报家数双重限制的做法。

（3）2000—2004 年间的核准通道制。

核准制①是指由主承销商辅导和推荐发行人，按照监管机构要求成立内核小组并对发行申请材料进行核查，以确定企业能否公开发行股票。监管部门希望强化主承销商的把关作用，降低市场风险和减轻监管者的实质性审查压力。核准制是和通道制结合在一起的，核准通道制的主要内容是：一是取消发行额度；二是坚持先改制后发行，挂牌运行一年后才能申请发行股票；三是改政府

① 2000 年 3 月 16 日，中国证监会发布了《中国证监会股票发行核准程序》，规定以后发行公司股票，证券监管部门将统一按程序进行核准，对于符合条件的发行公司就核准其股票上市，从而完全取消了股票发行额度的管理制度。证监会不再对各省下达“额度”或“家数”，实行“成熟一个，推荐一个”。中国证监会于 2001 年 3 月 6 日正式实施核准制。

审批为券商推荐，并向中国证监会申报，由证监会核准。核准通道制的核心是“证券公司自行排队、限报家数”，实际上是把发行额度分配给各证券公司，每家证券公司一次只能推荐有限数量的企业，所推荐企业发行一家方可再报一家，从而限制了发行速度。

（4）2004 年至今的保荐制。

所谓的上市保荐制度①，是指由保荐机构（券商）负责发行人的上市推荐和辅导，核实公司发行文件中所载资料的真实、准确和完整，协助发行人建立严格的信息披露制度。保荐机构不仅承担上市后持续督导的责任，还将责任落实到个人，即让券商和责任人对其承销发行的股票负有一定的持续性连带担保责任。

4.2.1.2　我国新股发行方式的演进

我国新股的发行方式可以分为网下发行和网上发行两类。网下发行方式主要包括：发行认购证方式；全额预缴、比例配售、余款转存；全额预缴、比例配售、余款即退等。网上发行方式主要包括：上网定价发行；上网竞价发行；网上发行和对法人配售相结合的方式；向二级市场投资者配售；网下询价，网上定价。

（1）认购证表发行方式。

1991—1992 年，深圳、上海两地通过认购证表发行新股，先后采用了限量发行认购证和无限量发行认购证两种方式。公众购买股票须先购买认购证表，中签后再购买股票。采用限量发行认购证表，使得黑市炒作认购证表猖獗，严重扰乱了发行市场的秩序。后来采用无限量发售抽签表，即在限定的时间内，无限量发售抽签表，中签后购买股票。这种方式有效地纠正了发行市场的无序状态以及由此可能带来的其他负面影响，体现了新股发行的公开、公正和公平。但由于认购证抽签中签率极低，投资者的资金大量消耗在抽签表上，认购成本明显增加，发行公司、证券公司仅凭发售抽签表就可获利匪浅。

（2）与储蓄挂钩的发行方式。

1993 年上海证券交易所率先采用与储蓄挂钩的新股发行方式，在规定时间内，投资者在指定的银行领取专用存单，按定额、定期、定息存款。存单无限量发行，存单附号码，存款日期结束后，根据存单数和拟公开发行的股票数确定中签率和中签号码，中签的投资者才可购买股票。

---

① 2003 年 12 月 28 日中国证监会发布《证券发行上市保荐制度暂行办法》，规定 2004 年 2 月 1 日起证券发行实行保荐制度。

（3）全额预缴款方式。

全额预缴款方式包括“全额预缴、比例配售、余额即退”方式和“全额预缴、比例配售、余款转存”两种方式。全额预缴方式下，投资者在规定的申购时间内，将全额申购款存入主承销商在收款银行设立的专户中，申购结束后转存银行专户进行冻结。承销商在对到账资金进行验资和确定有效申购后，根据股票发行量和申购总量计算配售比例进行股票配售。

（4）上网发行。

1994 年我国开始尝试利用证券交易所交易系统上网发行新股。上网发行有两种形式：上网定价发行和上网竞价发行。上网定价发行是由主承销商按拟定的发行价格将所有新股全部输入主承销商在证券交易所的股票专户，投资者在指定的时间内，通过上海、深圳证券交易所，以固定的价格进行申购。申购期满后，按申购数量确定申购成功者①。上网竞价发行是投资者在指定的时间内，在发行底价上按“价格优先、时间优先”进行申购。申购结束后，由证券交易所的竞价系统由高到低产生申购成功者和实际发行价，并以申购成功的最低标价为发行价。该方式可充分发挥证券市场的价格发现功能，也在更大程度上体现了市场化的原则，有利于一、二级市场的接轨和维护投资者的利益，是一种较好的发行方式②。

（5）网上发行和网下配售相结合。

网上发行和网下配售是指将新股一部分在网下向法人投资者配售，另一部分采用上网发行方式向一般投资者出售③，这是一种明显偏向法人投资者的发行制度。2000 年 2 月证监会发布《关于向二级市场投资者配售新股有关问题的通知》，主要内容是将向基金配售后的新股，在以 50% 以上网定价发行的同时，另外 50% 的新股改为向二级市场投资者配售。投资者根据其持有上市流通证券的市值和折算的申购限量，自愿申购新股。在基本解决股权分置问题以

---

① 与其他发行方式相比，上网定价发行方式是最完善的一种，1996 年以来被越来越多的公司采纳。但由于我国新股 IPO 抑价水平偏高，易造成大量资金滞留一级市场，弱化我国资本市场的资源配置功能。

② 但上网竞价方式只在 1994 年哈岁宝等几只股票进行了试点，之后并没有采用。究其原因，应该在于：在实际操作时是形式上竞价、实质上定价，竞价易被操纵（机构主力能够利用巨量资金哄抬价格），损害中小投资者的利益。

③ 1998 年 8 月 11 日，中国证监会规定：公开发行数量 5000 万股（含 5000 万股）以上的新股均可以向基金配售；发行数量在 5000 万股以下的，不得向基金配售。1999 年 7 月 28 日中国证监会发布了《关于进一步完善股票发行方式的通知》，规定股本总额在 4 亿元人民币以下的公司，仍采用上网定价、全额预缴或与储蓄存款挂钩的方式发行股票。公司股本总额在 4 亿元人民币以上的公司，可采用对一般投资者上网发行和对法人配售相结合的方式发行股票。

后，2006 年下半年新股发行重新开闸，发行新股采取“网下询价，上网定价”的方式，即网下向机构投资者询价，然后以此价格作为网上向散户投资者的报价。此种发行方式的主要缺点是在定价的过程中缺少中小投资者的参与。

4. 2. 1. 3　我国新股定价方式的演进

新股发行定价方式指获得股票发行资格的企业与发行承销商在公开发售股票时，通过何种方式来确定给特定投资者或非特定投资者的股票价格，即如何确定新股发行价格。新股发行定价制度历来是新股发行制度中最具争议的话题，一直是困扰着监管层的一个技术性难题。

（1）1993 年之前的自发行政定价。

由于股份制还处于摸索阶段，没有具体的关于股票发行定价的制度规范。直到 1992 年底，我国沪深股市的上市公司仅有 53 家，发行总股本仅为 73. 21 亿元。这一时期内的新股发行定价方式基本上都是由地方政府依据地方法规、自发地直接行政定价。在这种定价方式下，企业一般以一个很低的价格而且通常是固定的面值发售股票，往往还附带最低收益率的保证，所以这一时期的投资者大部分是将购买股票作为一种储蓄方式，而不是真正意义上的投资。

（2）1993—1999 年期间的相对固定市盈率的行政定价。

在这较长一时期内，我国新股发行定价方式基本上都采用相对固定市盈率的行政定价方式。这种方式主要有两个关键因素：每股税后利润和发行市盈率。对于每股税后利润的计算先后进行了 3 次变革，而市盈率基本上控制在 13—16 倍之间。这一阶段的发行定价方式比较混乱①，根本上还是行政定价方式。由于新股发行市盈率明显偏低，导致严重的新股发行抑价现象。其后果一方面是人为造成股票一级市场的无风险暴利，另一方面上市公司融资不足。由于当时一级市场发行价一般只及二级市场市场价的几分之一，市场扩容与其说是给企业筹资，还不如说是给一级市场中的投机资金输血。

（3）1999—2001 年期间累积投标竞价的市场定价

1999 年 7 月证监会发出通知，股票发行定价可以采取以下三步：一是发行公司和主承销商制定一个发行价格区间，报证监会核准；二是通过路演等推介方式，了解配售对象的认购意愿，确定最终发行价；三是最终发行价格须在

---

① 1994 年我国还进行过市场化的竞价方式试点，如 1994 年 6 月发行的哈岁宝和琼金盘，就是按照竞价方式进行定价的。由于透明度极差，使得新股认购成为名副其实的投机博傻，投资者和券商均承担了很大风险。哈岁宝以高达 25. 8 倍的市盈率、高出底价 38% 的实际发行价发行，在上市恶炒一通之后，走上了价值回归之路；而琼金盘由于发行底价过高，2500 万股中有 1300 万股没有发行出去，余额由承销商包销。因此在经过 4 家试点后，竞价方式被迫停止。

证监会核准的价格区间，不在区间的由证监会重新审核。2001 年 5 月证监会发布了上网竞价发行的方式，发行人和主承销商可以根据市场情况，自主选择申购倍率改进法、基准价格法、完全竞价法或其他符合要求的办法确定最终发行价格。这种市场化新股发行方式造成了一级市场高市盈率①，新股发行定价被严重扭曲，投资者承担了巨大的投资风险。

（4）2001—2004 年期间控制市盈率下的市场定价。

鉴于市场化定价导致了畸高的市盈率，从 2001 年下半年起，在首发新股定价中重新采用了控制市盈率的做法，监管层将定价控制在 20 倍市盈率左右，券商和发行人只能在严格的市盈率区间内，通过累积投标询价，决定股票的发行价格。这种发行定价方式之下，前期固定市盈率定价所造成的上市公司造假现象再次大量发生。

（5）2004 年至今的新股询价。

2004 年下半年，监管层在总结前阶段市场化发行定价的基础上，开始对新股发行定价采取新的改革方式，即新股询价制度。询价制有以下优点：①通过规范化的推介询价程序，发行人及其保荐机构与投资者协商确定发行价格，使基金等机构投资者参与到定价过程中来，减少了发行定价的主观性和随意性；②要求保荐机构将投资者的报价情况、价格确定依据等公开披露，便于市场充分了解定价过程。不仅提高了定价过程的透明度，同时也使机构投资者、保荐机构等市场参与主体的行为受到市场约束。新股询价也暴露不少缺点：理论估值与市场表现差距较大；一级市场无风险高收益重现；询价制流程不规范，存在机构投资者合谋现象。

4.2.2 新股发行过程中利益集团的作用机制分析

由于新股发行制度主要包括发行审核制度、发行方式和定价机制三个方面，本节将审核制度和定价机制分别抽象为发行规模和发行价格，并假设发行方式更多的是由于技术的进步而导致发行手段的变化。因此，IPO 制度的变革可以认为是政府对新股发行价格和发行规模控制程度的改变，而其变化趋势则

---

① 2000 年 5 月，安泰科技以 50.94 倍市盈率发行；2000 年 6 月，宁波波导和诚志股份在向法人配售时采用了不确定发行量，发行价格只设底限不设上限的竞价方式，但是排除最高的 5 个不合理竞价；闽东电力则采用不排除不合理竞价的竞价方式，以 11.5 元/股的发行价格，88.69 倍的发行市盈率，创下了一级市场发行市盈率的新高；2001 年 4 月 23 日，核准制正式实施后的第一只股票用友软件采用竞价发行，共发行2500 万股，经过市场竞价，最终以36.68 元上网定价发行，发行市盈率达到了 64.35 倍。

是由从紧管制到放松管制。本书将通过 IPO 相关利益集团之间的博弈模型来揭示我国新股发行制度变更背后的原因。

4.2.2.1 监管层与发行企业作为利益共同体与投资者之间的博弈

我国证券市场发展初期，也是我国国有企业股份制改革的起步时期，政府的主要目的在于国企改制与上市融资，这使得发行企业与政府成为利益共同体。因此，在这一阶段主要是由监管层所代表的政府与发行企业的利益共同体与 IPO 市场投资者之间进行利益的博弈，而博弈的结果促成了这一时期 IPO 制度的选择。

（1）一次发行下双方的博弈。

①两种发行模式下博弈双方的支付。

博弈模型的参与人一方是由监管层所代表的政府与发行企业的利益共同体，另一方是投资者。监管层要决定是否允许企业以高利润发行股票融资；投资者的行为则是决定自己是否申购新股。假设政府和投资者之间的信息基本上是透明的，即政府每发行一次新股，投资者完全了解其发行额度情况；投资者对每次发行的申购情况，政府也完全掌握，因而二者间是完全信息博弈。由于新股是不断发行的，投资者是持续申购的，二者的博弈又是动态博弈。因此，该模型是监管层和投资者之间的完全信息动态博弈模型。

我们先考虑一次发行下双方的博弈。对投资者而言，在监管层允许企业以高利润发行（即高市盈率发行）的情况下，投资者选择申购的支付为：$(P^* - P^h) \times Q^h$，P^* 表示上市首日收盘价，假设二级市场是有效的，那么 P^* 就是发行企业真实价值的体现，P^h 和 Q^h 分别表示新股偏高的发行价格和偏高的发行规模，选择申购意味着投资者能够获得价差收益；而投资者选择不申购的支付为 $(PQ)^h \times r_f$，r_f 表示无风险收益率，记 $(PQ)^h = P^h \times Q^h$，则投资者在这种情况下其申购资金只能获取无风险收益。在监管层只允许企业以正常利润发行的情况下，类似的，投资者选择申购的支付为：$(P^* - P^c) \times Q^c$，P^c 和 Q^c 分别表示新股正常的发行价格和发行规模；而投资者选择不申购的支付为 $(PQ)^c \times r_f$，同理，记为：$(PQ)^c = P^c \times Q^c$。

对监管者而言，当投资者选择申购时，监管层选择允许企业以高利润发行的支付为：$\lambda_1(PQ)^c + \lambda_2[(PQ)^h - (PQ)^c]$，其中，$\lambda_1$ 为监管层的正常效用系数，$\lambda_1 > 0$ 表示企业在市场上正常融资，监管层能够获得的效用，例如市场稳定发展而获得的奖励，是与企业的正常融资额正相关；而 λ_2 为监管层的非正常效用系数，$\lambda_2 > 0$ 表示监管层能够获得的额外好处，例如发行企业为了获得高利润发行而向监管层支付的租金，它与企业在市场上高价融资时所获得的超额收益正相关的；而监管层选择只允许企业以正常利润发行的支付仅为 $\lambda_1(PQ)^c$。而当投资者选择不申购，由于企业的融资需求未能满足，监管层不能获得任何收益。

根据上述推导，我们可以得到博弈模型的支付矩阵如图 4－2 所示：

		监管层	
		允许以高利润发行	允许以正常利润发行
投资者	申购	$(P^* - P^h) \times Q^h$, $\lambda_1(PQ)^c + \lambda_2[(PQ)^h - (PQ)^c]$	$(P^* - P^c) \times Q^c$, $\lambda_1(PQ)^c$
	不申购	$(PQ)^h \times r_f$, 0	$(PQ)^c \times r_f$, 0

图 4－2　博弈模型的支付矩阵图

②一次发行下双方博弈的均衡解。

要使得该博弈存在纳什均衡解，对投资者而言则有：

$(P^* - P^h) \times Q^h > (PQ)^h \times r_f$，即 $P^h < \dfrac{P^*}{1 + r_f}$。

对监管者则有：

$\lambda_1(PQ)^c + \lambda_2[(PQ)^h - (PQ)^c] > \lambda_1(PQ)^c$，即 $\lambda_2 > 0$

于是，当 $P^c < P^h < \dfrac{P^*}{1 + r_f}$，和 $\lambda_2 > 0$ 时，该博弈存在纳什均衡：投资者选择申购，监管者允许以高利润发行。

这个均衡解意味着：①当监管层允许企业以高利润发行股票时，虽然面对偏高的发行价格，投资者会仍会选择申购新股，因为$\dfrac{P^*}{1 + r_f} - P^h > 0$，表示申购成功之后，在二级市场上首日卖出价在按无风险利率贴现之后，依然大于一级市场的购买价。②监管者获得的收益是 $\lambda_1(PQ)^c + \lambda_2[(PQ)^h - (PQ)^c]$，其中 $\lambda_1(PQ)^c$ 表示监管层能够获得的正常收益，即市场发展带来的收益，$\lambda_2[(PQ)^h - (PQ)^c]$表示监管层能够获得的额外好处，$\lambda_2 > 0$，表示存在某种形式的特别收益，属于发行企业和监管者因高利润发行而共享的。③发行企业的收益是 $(1 - \lambda_2)[(PQ)^h - (PQ)^c]$，是两种发行方式的融资额度之差 $[(PQ)^h - (PQ)^c]$ 扣除支付监管层的部分的剩余，即乘以一个小于 1 的系数 $(1 - \lambda_2)$。

（2）重复发行下双方的博弈。

①两种发行模式下博弈双方的支付。

我们考虑重复发行下双方的博弈。若在第 N 次发行新股时，监管层一贯执行以正常利润发行的政策，则监管层和投资者的收益不变；若监管层一直采用允许以高利润发行的政策，虽然第一次可得到高利润 $\lambda_1(PQ)^c+\lambda_2[(PQ)^h-(PQ)^c]$，但投资者的申购积极性会受到影响。这是由于当企业融资的时候总是希望以更高的发行价格和发行规模来获得更大的融资额。因此，当企业重复高利润发行时，(P^*-P^h)会逐步降低，投资者因能够获得的价差收益逐渐减少而降低对申购的积极性，这对监管者的效用造成了一定的损失。假设监管层的支付随着发行次数的增加而减少，并且每期的减少额度是递增的，即：$\lambda_1(PQ)^c+\lambda_2[(PQ)^h-(PQ)^c]-N^2d$，其中，d 表示第一期的减少量，由投资者申购积极性决定，N 表示发行的次数。第 N 期博弈模型的支付矩阵如图 4－3 所示：

		监管层：允许以高利润发行	监管层：允许以正常利润发行
投资者	申购	$(P^*-P^h)\times Q^h$， $\lambda_1(PQ)^c+\lambda_2[(PQ)^h-(PQ)^c]-(N-1)^2d$	$(P^*-P^c)\times Q^c$， $\lambda_1(PQ)^c$
投资者	不申购	$(PQ)^h\times r_f$， 0	$(PQ)^c\times r_f$， 0

图 4－3　第 N 期博弈模型的支付矩阵图

②重复发行下双方博弈的均衡解。

假设发行了 m 次，只要发行价格适度（即：$P^h<\frac{P^*}{1+r_f}$），投资者仍然会选择申购新股；而若要使监管层选择允许以正常利润发行，那么必然要有以下不等式成立：

$$\sum_{n=1}^{m}\{\lambda_1(PQ)^c+\lambda_2[(PQ)^h-(PQ)^c]-(n-1)^2d\}\leqslant m\lambda_1(PQ)^c$$

$$\Rightarrow m\{\lambda_1(PQ)^c+\lambda_2[(PQ)^h-(PQ)^c]\}-\frac{d}{6}m(m-1)(2m-1)$$

$$\leqslant m\lambda_1(PQ)^c$$

$$\Rightarrow \lambda_2[(PQ)^h - (PQ)^c] \leq \frac{d}{6}(m-1)(2m-1)$$

当 m 足够大时，上面不等式衡成立，即当发行次数足够多的时候，监管层的最优选择必然是允许企业以正常利润发行。

综上所述，监管层企业利益共同体与投资者之间博弈分析的结论是：①在一次博弈中，即便监管层允许企业以高利润发行股票时，虽然面对偏高的发行价格，投资者会仍会选择申购新股，其条件是 $P^c < P^h < \frac{P^*}{1+r_f}$，即证券上市首日收盘价高于发行价，且价差能弥补无风险收益。这个条件在证券供给极为短缺、IPO 抑价严重时是很容易满足的，但在股市行情低迷，甚至二级市场价格跌破发行价的时候，高市盈率发行就难以施行。②管理层非正常效用系数 λ_2 越小，越有助于达到正常利润的发行制度，换言之，抑制管理层寻租的冲动，有助于发行制度从高市盈率往正常市盈率的制度变革。③监管层获得的支付减少量 d 越大，越有助于达到正常利润的发行制度。而 d 是由投资者申购意愿或申购积极性决定的。因此，发行制度变革的动力还来源于投资者利益集团的行为压力，在长期重复博弈中，投资者申购行动将会影响新股发行制度的变革。④博弈均衡表明，监管层应该限制发行企业新发股票所能获得的高利润，即控制适当的新股发行规模和价格（市盈率），而投资者将会选择积极申购。因此可以说，是投资者利益集团的申购意愿的变化影响了证券发行制度的演变方向，即重复博弈下发行价格或发行市盈率逐渐趋于正常水平。

4.2.2.2 监管层与发行企业之间的博弈

当证券市场发展到一定程度的时候，政府的目标变为维护市场的公平、效率以及透明度，监管层与发行企业不再是紧密的利益共同体。此时，发行企业不再能够轻易地通过高价发行新股获得高利润。因此，发行企业为了取得政府同意，获得新股较高的发行价格，会通过做假报表来粉饰业绩，进行利润操纵。

（1）博弈双方的支付。

博弈模型的参与人一方是发行企业。在这里假设所有的发行企业都具有上市融资的资格，但其发行价格则要根据企业具体的经营业绩来判定，经营业绩较差的公司只能以较低的发行价发行新股。因此，经营业绩一般的企业，其行为选择为：以 X 的概率选择造假以获得高利润发行的资格，以（1 - X）的概率选择不造假，以正常利润发行新股。博弈模型的另外一方是监管层。监管层根据发行企业的行为选择查处或不查处。由于完全杜绝上市公司的作假几乎是不可能的，政府会允许一定比率上市公司某种程度作假现象存在，以满足国企和上市公司的直接融资需要。因此，监管层以 Y 的概率选择查处，以（1 - Y）的概率选择不查处。

对发行企业而言，假设 P^* 为正常利润发行价格，P 为高利润发行价格，Q 为发行的数量，在模型中假设为外生变量；P^*Q 是发行企业新发股票获得的正常利润，PQ 是企业期望获得的高利润；$\lambda_1(P-P^*)$ 是企业造假的成本，其中 λ_1 为企业造假成本系数，表示企业想获得的高利润发行价格和正常利润的发行价格差距越大，该成本也就越大。

对监管者而言，f 为监管层查处企业造假所进行的处罚；$\lambda_2(P-P^*)$ 是政府查处造假企业所获得的收益，如政府有关部门获得的满足感和社会赞同等，λ_2 是政府的查处收益系数，若企业造假情况越严重，即高利润发行价格与正常利润发行价格差距越大，那么政府的查处收益也就越大；$\lambda_3(P-P^*)$ 是监管层进行查处活动时的监管成本，λ_3 是监管成本系数，表示政府对企业造假行为监管的成本也是随着企业造假的严重程度递增的；$\lambda_4(P-P^*)$ 是监管层放纵企业造假而带来的负效用，λ_4 是监管层不作为的负效用系数，若企业造假情况越严重，高利润发行和正常利润发行的价差过大，则该负效用也就越大。显然，λ_1、λ_2、λ_3 和 λ_4 均大于零。

该博弈模型为一混合战略博弈，其支付矩阵如图 4 - 4 所示：

		监管层	
		查处(Y)	不查处(1 - Y)
发行企业	造假(X)	$-\lambda_1(P-P^*)-f$, $\lambda_2(P-P^*)-\lambda_3(P-P^*)$	$PQ-\lambda_1(P-P^*)$, $-\lambda_4(P-P^*)$
	不造假(1 - X)	P^*Q, $-\lambda_3(P-P^*)$	P^*Q, 0

图 4 - 4　混合战略博弈支付矩阵图

（2）博弈双方的混合策略纳什均衡。

该博弈不存在纯策略纳什均衡，因为给定发行企业不作假，监管层的最优策略是不查处，给定监管层不查处，企业的最优策略是作假；给定企业作假，监管层的最优策略是查处。但该博弈存在一个混合策略纳什均衡。

给定发行企业以 X 的概率选择作假，不作假的概率便为（1 - X）。如果欲使监管层选择查处与不查处的期望效用相等，则：

$$X[\lambda_2(P-P^*)-\lambda_3(P-P^*)]+(1-X)[-\lambda_3(P-P^*)]$$
$$=X[-\lambda_4(P-P^*)]+(1-X)\times 0$$

解得：$X^*=\dfrac{\lambda_3}{\lambda_2+\lambda_4}$

给定监管层以 Y 的概率查处作假，不查处的概率便为（1－Y）。如果欲使发行企业选择作假与不作假的期望效用相等，则：

$$Y[-\lambda_1(P-P^*)-f]+(1-Y)[PQ-\lambda_1(P-P^*)]$$
$$=YP^*Q+(1-Y)\times P^*Q$$

解得：$Y^*=\dfrac{(P-P^*)\ (Q-\lambda_1)}{f+PQ}$

因此，该混合战略博弈的混合策略纳什均衡为：

$$(\frac{\lambda_3}{\lambda_2+\lambda_4},Y^*=\frac{(P-P^*)(Q-\lambda_1)}{f+PQ})$$

为了进一步考察企业追求的高发行价 P 对均衡发行价的影响，我们对 Y^* 求导，有：

$$\frac{dY^*}{dP}=\frac{(Q-\lambda_1)(f+P^*Q)}{(f+PQ)^2}$$

因为发行企业获得发行超额利润必定要不小于为其付出的成本，否者不会选择造假发行，所以有：$Q\ (P-P^*)\ >\lambda_1\ (P-P^*)\ \Rightarrow Q>\lambda_1$

则有：$\dfrac{dY^*}{dP}=\dfrac{(Q-\lambda_1)\ (f+P^*Q)}{(f+PQ)^2}>0$

当 $Q=\lambda_1$时，$\dfrac{dY^*}{dP}=\dfrac{(Q-\lambda_1)(f+P^*Q)}{(f+PQ)^2}=0;Y^*=\dfrac{(P-P^*)(Q-\lambda_1)}{f+PQ}=0$

以上均衡解和极值条件意味着：其一，要使目前发行企业均衡作假比率 X 降低，即要降低$\dfrac{\lambda_3}{\lambda_2+\lambda_4}$数值，就必须降低监管层的查处成本 λ_3、增大监管层的查处收益 λ_2 以及不查处的负效用 λ_4。在现实中可采取的具体措施可以有：设立市场查假和打假奖励基金，强化广大股东和社会媒体查假的举报监督功能等；强化监管部门的监管职责，提高查处造假的收益，追究不积极查处造假的责任。二、监管层均衡查处概率 Y^* 主要受企业造假成本系数 λ_1 和监管层对造假处罚 f 的影响。企业造假成本越高，对造假处罚越重，均衡查处概率越低。三、均衡查处概率 Y^* 是关于 P 的增函数。当市场上造假比率越高，作假程度越严重时，高利润发行价格 P 就会越来越偏离正常发行价格 P^*。当发行企业获得超额利润等于其付出的成本，即 $Q=\lambda_1$ 时，企业按正常利润价格 P^* 来发行，均衡查处概率 Y^* 为零。

4.2.2.3　对模型的小结

根据模型的假设，我国新股发行制度改革可以认为是政府对发行价格和发行规模控制程度的变化。因此，对于 IPO 制度改革的解释可以进一步划分为以下两个问题：①证券市场发展初期，为什么监管部门要对新股的发行价格和发行规模进行控制？②当证券市场发展到一定时期，监管部门放松了对新股的发行价格和发行规模的控制，这种市场化变革的内在动因究竟是什么？而监管层与发行企业作为利益共同体与投资者之间的博弈模型和监管层与发行企业之间的博弈模型正好分别说明了这两个问题。

对于监管层与发行企业作为利益共同体与投资者之间的博弈，模型分析的结果是：监管层应该限制企业新股发行所能获得的高利润，应该采用适当的新股发行规模和价格（或市盈率）。这是由于证券市场发展初期，政府着重于市场的融资功能，其主要目的在于国企改制和国企的上市融资，这使得发行企业与政府成为了利益共同体。既要保证企业的大规模融资需求，又不能过分损坏投资者的利益，政府就只能采取控制适当的新股发行规模和价格的制度措施。这是 IPO 参与各方利益博弈的结果，是各个利益集团之间达成的暂时的一种稳定状态。

对于监管层与发行企业之间的博弈，模型分析表明，由于证券市场的飞速发展，政府的目标已不再偏重于融资，而是追求维护市场的公平、效率与透明。监管层对市场的监管不需要太多的行政手段，特别是对于市场价格，理应让市场来决定。当市场造假程度严重，即市场失灵的时候，监管层也不需要直接对价格进行干预，而是考虑如何通过其他非市场手段，例如降低对造假行为的查处成本、增大监管层的查处收益和效用、增大监管层不查处的负效用等，来对 IPO 市场进行干预，这也就是 IPO 制度的市场化变革的动因所在。

模型不足之处在于：其一，在模型设立的时候并未考虑承销商在整个制度演进过程中的作用，仅仅假设发行企业和承销商之间是利益一致，但事实上仍然存在发行企业与承销商之间的博弈。其二，IPO 制度的演进是多方利益集团共同博弈的结果，但本书将其抽象为两方博弈，这在一定程度上降低了模型的说服力。

4.3 股权再融资制度改革中利益集团的作用机制分析

股权再融资包括增发新股和配股两种主要方式，虽然两种方式限定条件和审查标准有所区别，但是两种股权再融资方式并无实质性差异，因此本节对股权再融资的考察，仅仅局限于增发新股。

4.3.1 中国证券市场股权再融资制度的演变历程

增发新股的股权再融资方式开始于1994年4月，上海石化开辟了上市公司通过增发方式融资的先河。此后，增发方案不断推陈出新，在争议中不断完善，直到2000年5月证监会才推出正式的法规。根据股权增发的背景、方法和法规的不同，我国增发新股制度变革历程大致可分为这样几个阶段：

4.3.1.1 1998年增发体现出国家的政策扶贫

1998年共有八家绩差公司进行了增发，其中有五家为陷入困境的纺织类公司，增发新股主要是配合国家对纺织业进行整体改造和重组。本阶段增发新股没有关于增发方式的具体法规，主要法律依据是《公司法》和《股票发行与交易暂行条例》。

此阶段增发的特点是：①定价方法：以市盈率为定价基准，未考虑二级市场的股价表现，发行价格低，和二级市场股价的差距很大，折扣率大，平均筹资规模小。②发行对象：老股东（包括国家股股东或发起人法人股股东）、社会公众以及证券投资基金。其中向社会公众采用网上定价，向老股东和证券基金采用配售发行。总的看来，由于定位明确并注入优质资产，这一时期上市公司的增发行为改善了上市公司的业绩，整体市场表现良好。

4.3.1.2 1999年增发成为新的股权融资方式

此阶段增发方式逐渐脱离了政策扶贫的框架，一些业绩优秀的公司也开始采用增发方式进行股权再融资。增发开始以一种纯粹的股权再融资方式出现在证券市场上，但此阶段仍属于增发方式的实验阶段，没有关于增发新股的正式法规。

本阶段增发具有以下几方面特点：①增发被广泛用于解决证券市场的各种历史问题，不断创新成为当时增发的一大特征，例如有的是为了整体资产置换，有点则是为了偿还贷款、改善资本结构。②定价方法发生了变化，引入了市价折扣法，定价时对公司股价有所考虑，缩小了与二级市场的价格差距，折扣率明显降低，增发价格上涨。③发行对象发生了变化，证券投资基金已经作为机构投资者成为了主要发行对象，同时向公众上网发行也成为固定模式。④市场对增发表现出了明显的厌恶倾向，增发后市场表现良莠不齐，其中几家上市公司有跌破增发价格的记录。总的看来，此阶段的增发融资行为更多地得到上市公司的关注，不仅是解决各种问题的重要手段，更正式成为了上市公司一种全新的“融资”手法。

4.3.1.3 2000—2001 年增发进入规范阶段

2000 年 5 月 22 日证监会正式颁布了《上市公司向社会公开募集股份暂行规定》，明确规定增发新股的条件：①符合上市公司重大资产重组有关的公司；②具有自主开发核心技术能力、在行业中具有竞争优势、未来发展有潜力的公司；③向社会公开发行股份的比例小于总股本的25%或15%、总股本在4亿股以上的公司。这一规定并没有业绩等财务指标的约束，实际上是向大多数上市公司开放了增发这一融资渠道，因此很快引起了增发热潮。本阶段增发的市场化程度逐渐提高，增发取代配股成为上市公司再融资的主渠道。

此阶段的增发的特点主要表现为：①定价方式：从“竞价发行”转为“询价发行”。由原来的市价折扣改为以盈利预测作为询价区间的基准之一，向全体股东同时询价，最终的定价折扣在 15% ~20% 之间。增发价格开始全面暴涨；②发行对象：向老股东的发行由一开始的“配售”改为老股东享有“优先配售权”，进而变为“优先认购权”；③发行数量：由原来的定量发行改为以发行人实际资金需求和询价结果确定发行量。

可以看出，管理层已经将增发方式作为与配股方式同等重要的股权再融资方式看待，由于增发方式自身的优势和新股发行条件的硬约束降低，增发在这一阶段已经完全成为“圈钱”的代名词。无论业绩好坏，只要能勉强达到增发最低标准便提出增发方案。增发定价市场程度越来越高，其直接表现就是增发价格折扣率已经缩小到 10% 以内，在市场上则表现为跌破增发价越来越普遍。

4.3.1.4 2002 年至今增发的进一步规范

证监会于 2002 年 6 月和 7 月发布了《关于进一步规范上市公司增发新股的通知》、《关于上市公司增发新股有关条件的通知》，提高了增发条件、加重了主承销商的责任，从而使上市公司增发日渐规范。主要的规定是：①最近 3 个会计年度加权平均净资产收益率平均不低于 10%，且最近 1 个会计年度加权平均净资产收益率不低于 10%；②增发新股募集资金量不超过公司上年末经审计的净资产；③发行前最近一年及一期财务报表中的资产负债率不低于同行业上市公司的平均水平；④前次募集资金投资项目的完工进度不低于70%①。

此阶段的增发具有以下几方面特点：①管理当局加速了增发的市场化、规范化进程，出台了几个重要的法规。对资金的使用、管理方法作出了严格的规定，提高了增发条件，控制了增发的规模。②询价、优先认购权、超额配售选择权等市场化方式得到更广泛的运用。③市场对增发的态度还是比较排斥。④有关再融资政策极少涉及上市公司违规操作的处罚条款，对上市公司的违法违规处罚软化。在股权再融资完成后，上市公司基本不受约束，募集资金闲置、变更投向现象较为普遍，增发完后业绩“变脸”现象也时有发生，“重融资，轻利用”现象严重。

4.3.2　股权再融资过程中的利益集团

根据参与主体在股权再融资过程中的不同利益取向和行为特征，我们可以将股权再融资过程中的利益集团分为以下5类：

4.3.2.1　上市公司大股东

上市公司是股权再融资的资金需求方，通过增发股票，来扩大生产规模、改善资产负债结构、降低财务支出等。上市公司大股东的目标函数是增发股份的数量和价格的最大化，即再融资规模最大化。其约束条件主要来自两方面：①政府对股票增发的门槛的规定及对公司融资行为的监督。上市公司不合规的再融资行为会给其带来寻租、制假、处罚等成本。②市场投资者对上市公司增发股票行为的认可度。投资者通过研究公司的经营状况和股价走势，是否看好该公司，愿意购买股票，也直接关系到上次公司融资的成败和效果。

4.3.2.2　中小投资者

面对上市公司股权再融资决议，控制权缺失的单个中小投资者认识到自己的表态对决议通过与否没有什么影响，他能做的事是分析是否值得参与再融资、是否需要卖出股票、是否需要召集其他中小投资者发出一致的反对声音和投出反对票。中小投资者的目标函数是股票期望收益最大化，其约束条件主要

---

① 2006年5月8日发布了最新的再融资制度，即《上市公司证券发行管理办法》，对增发方面的基本要求是：①最近三个会计年度加权平均净资产收益率平均不低于6%。扣除非经常性损益后的净利润与扣除前的净利润相比，以低者作为加权平均净资产收益率的计算依据；②除金融类企业以外，最近一期末不存在持有金额较大的交易性金融资产和可供出售的金融资产、借予他人款项、委托理财等财务性投资的情形；③发行价格应不低于公告招股意向书前二十个交易日公司股票均价或前一个交易日的均价。

有：其一，信息不充分，难以评价上市公司增发项目的价值，即增发带来的预期收益；其二，中小投资者组织起来表达利益诉求或形成集体行动的成本约束。

4.3.2.3 机构投资者

与中小投资者一样，机构投资者也要分析是否值得参与再融资、是否需要卖出股票，但与中小投资者不同的是，由于拥有对企业的相对控制权，机构投资者可以通过投票表决来表达态度，而且机构投资者也有联合行动的动机和组织条件。正因为如此，上市公司大股东一般要和机构投资者沟通，诱之以利益或施之以压力（例如基金赎回等）。机构投资者的目标函数除了持有的股票预期收益之外，还要面对增发过程及结果带来的其他成本收益，例如声誉损失或赎回带来的流动性压力等。其约束条件包括：其一，信息成本和组织成本。机构投资者相对中小投资者而言，虽然收集、分析信息能力更强，组织成利益集团的成本更低，但毕竟还是要支付这方面的成本；其二，声誉约束。如果选择参与和上市公司大股东的合谋，甚至是违规合谋，则市场形象受损，声誉可能极度下降，甚至可能遭到个体投资者如基民的联合抵制；其三，监管约束。机构投资者的行动还要承受证券监管带来的压力，违规行为将受到惩处。

4.3.2.4 中介机构

中介机构包括会计师事务所，资产评估事务所、证券公司即保荐机构、交易所等。中介机构与大股东利益非常一致，再融资规模越大，他们可分的利益就越多，中介机构的效用函数也是发行规模最大化。其约束条件包括：其一，配合违规操作的处罚成本，包括罚款甚至吊销职业资格等处罚；其二、声誉约束。中介机构以信誉为本，如果在股权再融资中参与造假或欺诈，则带来的声誉损失巨大。

4.3.2.5 监管机构

监管机构代表政府行使对证券市场的管理权利，在适当的时候制定适当的政策以引导和促进市场朝稳定、健康的方向发展。其效用函数是有限的监管成本下，设计一套最有效的股权再融资制度或规则，以便约束和激励股权再融资过程中各利益集团的博弈行为，保护参与者正当权益，以达到整个证券市场的良性发展。其约束条件主要包括：其一，监管机构之间的制约。涉及上市公司股权再融资虽然直接由证监会审批，但股权结构变化、再融资项目可能会涉及国资委和发改委的工作职能。证监会不可能不考虑其他政府管理部门的意见；其二，监管者的市场约束。在审核上市公司股权再融资申请时，监管者更多考虑的是审批通过可能带来的市场反应和给其他上市公司的示范效应。

4.3.2.6 股权再融资过程中各类主体的利益关系（如表4-1所示）

表4-1

参与方	利益目标	特点	利益关系
大股东	目标是最大化融资规模	有控制权的股东；有方案制定权	利益一致
保荐机构	目标是最大化融资规模（比例佣金）	非股东；有方案制定权	
基金	增发项目预期损益；股价变动损益；基金赎回压力	有投票权股东；谈判能力和影响力强	自身利益与委托人利益的权衡
中小流通股东	增发项目预期损益；股价变动损益	有投票权股东；谈判力和影响力极弱	利益一致；
监管者	证券市场波动	非股东；有否决权	公共利益；平衡各方利益

通过以上对股权再融资过程中各利益集团的分析，可以看出各个利益集团有自身的目标，但目标的实现受其他利益集团行为的约束，各个利益集团努力为各自的利益争取相应的政策和法规，经过各集团多次博弈，使股权再融资制度逐渐朝着合理、完善的方向转变。

4.3.3 股权再融资过程中利益集团的作用机制分析

围绕上市公司股权再融资存在三个利益集团：投资者、上市公司（大股东）和监管者。我们将股权再融资视为是监管者约束下的投资者和上市公司的大股东两个利益集团之间的博弈。由于上市公司若干大股东联合起来实际掌控了公司控制权，为叙述简便起见，我们就用上市公司作为博弈一方，不用大股东联合这个概念。我们采用的是信号博弈模型来分析两个利益集团的博弈机制。所谓“信号博弈”（Signaling Game）就是研究具有信息传递作用的博弈模型，由于投资者和拟股权增发的上市公司之间存在着信息不对称，他们之间的博弈就可以看作是一种信号博弈。上市公司对投资项目拥有更多的信息，可以做出更准确的判断，因此，公司是信号的发送者，投资者是信号的接收者。用什么作为传递的信号呢？西方公司金融理论认为，增发比例（或配股比例）是一个良好的信号。

4.3.3.1 模型假设

如果公司股权再融资的投资项目预期收益率非常高，公司则希望用很小的股权比例换取投资额，因为股权的出售关系到公司控制权的问题。可以看出，公司用较小的股权增发比例换取同样的项目投资额，实质上就是用更高的价格增发股票，而公司之所以有信心给投资者发出这个信号，就是因为他的信息优势，即他很清楚这个项目的预期收益率非常高。对于投资者而言，他通过公司愿意出售的股权比例 s，来推断出一个企业或项目盈利能力高低的概率。综上，公司要是对自身较高的盈利水平有信心，就会保留高的股权比例 $1-s$，让渡股权比例 s 较低，相应发行价就低；反之，发行价就高。我们对模型假设如下：

（1）假设所有上市公司在当前的资产收益率只有两种状态，或者高资产收益率，即 $r=r_H$ 或者是低资产收益率，即 $r=r_L$。假设监管者设置了一个最低资产收益率 r_R，作为股权增发必须达到的条件。我们假定有 $r_H>r_R>r_L$，$r_f>0$，其中 r_f 表示无风险利率水平，是投资的机会成本，r_f 不会大于 r_L，否则理性的公司股东会清算公司资产并投资于无风险资产。

（2）假设增发融资前的公司总股本数为 N，增发价格为 $P_{发}$，假设增发股数 M，公司增发股份的比重为 $s(0<s<1)$，那么有关系：

$$M=(M+N)s \Rightarrow M=\frac{s}{1-s}N\text{，那么融资规模为 } M\times P_{发}=\frac{s}{1-s}N\times P_{发}$$

（3）假设无论公司当前是高资产收益率还是低资产收益率，融资后公司都会有高资产收益率 $r=r_H$。由于信息不对称，投资者对公司未来增长率一无所知，只能通过观察 s 股份大小来加以估计判断公司融资后未来的可能增长率，假设后验概率为 $P(r=r_L/s)=q$，$P(r=r_H/s)=1-q$.

（4）如果公司具备股权再融资条件，表示公司可以合规融资，公司一定会采取融资行动；如果公司达不到监管者规定的发行标准，假设他们会通过寻租、做假账等手段来达到再融资目标。当然，这些行为是需要花费成本，包括做假账的合谋成本、寻租的租金和可能的处罚。我们将这个成本函数用低盈利增长公司实际资产增长率 r_L 与监管者要求的 r_R 之间的差距程度来表示：

$$c(r)=\begin{cases}0 & r=r_H \quad \text{合规融资}\\ a(r_R-r_L)(\text{常数 } a>0) & r=r_L \quad \text{不合规融资}\end{cases}$$

(r_R-r)代表公司实际的每股资产增长率对监管基准的合规度（或说偏离度），正则合规，负则不合规。若监管标准越高，公司融资离合规要求偏离越远，相应的制度约束成本也就越大。后面论述中出现的 c，表为 $c=a(r_R-r_L)$.

（5）假设公司融资前的每股价格为 $P_{市}$，一般而言增发价 $P_{发}$ 往往是低于公司股票市场价格 $P_{市}$，因此我们假设 $P_{发}<P_{市}$。一般情况折价缺口会小于寻

租成本 $P_{市} - P_{发} < c$。

（6）因为模型没考虑其他中介机构等利益主体，故将融资发行过程中产生的其他所有费用忽略，比如承销商的佣金，会计师事务所的审计、咨询费用等。

4.3.3.2　博弈过程分析

（1）各策略组合的支付分析。

博弈在有融资冲动的上市公司和理性的投资者之间展开。

①“自然”随机选择公司类型，高资产收益率和低资产收益率，用每股资产增长率分别表示为 $r = r_H$ 或者 $r = r_L$，先验概率 $P(r = r_H) = p, P(r = r_L) = 1 - p$；

②公司作为信号发送者向潜在投资人提出为投资新项目愿意出售股份份额为 s；

③投资者作为信号接受者看到 s，但不知 $r = r_H$ 还是 $r = r_L$，估计公司未来是高增长率接受 s，否则拒绝公司提出的 s，对此投资者有自己的推断或者说信念，就是后验概率 $\{q, 1 - q\}$；

④对投资者，投资后收益大于投资无风险资产的机会成本，则选择接受 s，则融资成功；否则拒绝 s，则融资失败。对公司，融资后公司收益大于以原来的资产增长率产生的支付，则愿意出售 s，否则放弃再融资。

我们此处省略以股权 s 出让为传递信号的信号博弈树分析，直接给出其结果。投资者在当前对是否接受 s 投资 $\frac{s}{1-s}NP_{增发}$ 做出决策后，双方未来各策略的支付组合如表 4－2 所示：

表 4－2

		投资者接受 s(投资者推测公司为高盈利)：1－q	投资者拒绝 s：q
公司当前高盈利 $P(r = r_H) = 1 - p$	投资者	$sN\left(P_{市} + \frac{s}{1-s}P_{发}\right)(1 + r_H)$	$\frac{s}{1-s}NP_{发}(1 + r_f)$
	公司	$(1 - s)N\left(P_{市} + \frac{s}{1-s}P_{发}\right)(1 + r_H)$	$P_{市}N(1 + r_H)$
（概率）		$(1 - p)(1 - q)$	$(1 - p)q$
公司当前低盈利 $P(r = r_L) = p$	投资者	$sN\left(P_{市} + \frac{s}{1-s}P_{发} - c\right)(1 + r_L)$	$\frac{s}{1-s}NP_{发}(1 + r_f)$
	公司	$(1 - s)N\left(P_{市} + \frac{s}{1-s}P_{发} - c\right)(1 + r_L)$	$P_{市}N(1 + r_L)$
（概率）		$p(1 - q)$	pq

(2) 博弈双方约束条件分析。

根据博弈双方的支付结构，分别对投资者和公司的约束条件进行分析。

①对投资者而言：

$$\begin{cases} sN\left(P_{市}+\dfrac{s}{1-s}P_{发}\right)(1+r_H)\geqslant \dfrac{s}{1-s}NP_{发}(1+r_f) \\ sN\left(P_{市}+\dfrac{s}{1-s}P_{发}-c\right)(1+r_L)\geqslant \dfrac{s}{1-s}NP_{发}(1+r_f) \end{cases}$$

$$\Rightarrow\begin{cases} 0<s<1\leqslant 1+\dfrac{P_{发}}{P_{市}-P_{发}}\dfrac{r_H-r_f}{1+r_H} \\ (P_{市}-P_{发}-c)s\leqslant P_{市}-\dfrac{1+r_f}{1+r_L}P_{发}-c \end{cases}$$

⇒由假设可知：$P_{市}-P_{发}<c, r_f>r_L$，投资者对股份 s 的要求如下：

$$\frac{\dfrac{1+r_f}{1+r_L}P_{发}-P_{市}+c}{P_{发}-P_{市}+c}\leqslant s<1$$

综合上述各式推导的含义如下：其一，假定公司当前是高资产收益率状态，投资者投资上市公司增发的股票，获得公司出售的股权对应的收益大于投资者将资金投资于无风险资产所获得的收益。其需要满足的约束条件是：

$$0<s<1\leqslant 1+\frac{P_{发}}{P_{市}-P_{发}}\frac{r_H-r_f}{1+r_H}$$

即投资者可以接受的股权出让份额可以大于1，说明只要公司盈利前景好，投资者希望上市公司发行的股份超过公司现有的总股本。其二，假定公司是低资产收益率状态，投资者通过投资公司增发的股票，获得公司出售的股权对应的收益大于投资者将资金投资于无风险资产所获得的收益。其需要满足的约束条件是：$\dfrac{\dfrac{1+r_f}{1+r_L}P_{发}-P_{市}+c}{P_{发}-P_{市}+c}\leqslant s<1$，表示信号传递发挥了作用，即如果公司当前是低盈利增长的公司，投资不愿意接受份额超过1的比例，但是由于项目的预期较好，投资者可以进行投资，并且只有在公司出售$\dfrac{\dfrac{1+r_f}{1+r_L}P_{发}-P_{市}+c}{P_{发}-P_{市}+c}$以上比例的股权，投资者才会接受公司增发股票的决策，否则，增发就会失败。

②对公司而言：

$$\begin{cases}(1-s)N[P^{市}+\frac{s}{1-s}P_{发}](1+r_H)\geqslant P_{市}N(1+r_H)\\(1-s)N[P^{市}+\frac{s}{1-s}P_{发}-c](1+r_L)\geqslant P_{市}N(1+r_L)\end{cases}$$

$$\Rightarrow\begin{cases}s(P_{发}-P^{市})\geqslant 0\Rightarrow 根据假设, s<0\\s(P_{发}-P^{市}+c)\geqslant c\end{cases}$$

$\Rightarrow$根据假设，$P^{市}-P_{发}<c$，

$$0<s\leqslant\frac{c}{P_{发}-P^{市}+c}$$

综合上述各式推导的含义如下：其一，假定公司当前是高资产收益率状态，公司通过增发股票后，没有出售的股权所对应的收益大于公司不增发股票所获得的收益。其需要满足的约束条件是：$s<0$。如果公司是高盈利高增长，公司会偏好通过回购等方式来浓缩股权提高股权集中度，而不愿让渡股份 s 稀释股权。其二，假定公司当前是低资产收益率状态，公司通过增发股票后，没有出售的股权所对应的收益大于公司不增发股票所获得的收益。其需要满足的约束条件是：$0<s\leqslant\frac{c}{P_{发}-P^{市}+c}$，表示当公司在增发股票的过程中，公司让渡的股权份额小于$\frac{c}{P_{发}-P_{市}+c}$时，公司才会增发；否则，一旦投资者要求公司出售的股权大于$\frac{c}{P_{发}-P_{市}+c}$，公司就不会增发股票。其三，假定公司当前是低资产收益率状态，在增发价较低，增发折价大于寻租成本时，$\frac{c}{P_{发}-P_{市}+c}<0$。公司也不会愿意出售 s，因为 $s<0$；而当增发价较高，折价相应较低，增发折价缺口低于寻租成本时，公司愿意选择出让股份 s 来募资投入项目，并且出于分担财务风险的考虑，公司意愿出让 s。此时不难发现 $P_{发}$ 越低，折价越大，越易满足 $P-P_{发}<c$，出售 s 最小边界$\frac{c}{P_{发}-P_{市}+c}$也越小，表明公司对自身发展越有信心。

（3）模型均衡解。

同时考虑投资者与公司的约束条件，可以得到该模型求解最优均衡解的前提，

当 $P_{市}-P_{发}<c$ 时，$\frac{\frac{1+r_f}{1+r_L}P_{发}-P_{市}+c}{P_{发}-P_{市}+c} \leqslant s \leqslant \frac{c}{P_{发}-P_{市}+c}$ （＊）

只有当增发价较市价缺口大于寻租成本时，上式对博弈双方的共同约束才有意义。

对博弈双方，求解均衡解

根据

$$E^qU_1+E^pU_2=(1-p)(1-q)sN\left(P_{市}+\frac{s}{1-s}P_{发}\right)(1+r_H)$$

$$+(1-p)q\frac{s}{1-s}NP_{发}(1+r_f)$$

$$+p(1-q)sN\left(P_{市}+\frac{s}{1-s}P_{发}-c\right)(1+r_L)+pq\frac{s}{1-s}NP_{发}(1+r_f)+$$

$$(1-p)(1-q)(1-s)N\left(P_{市}+\frac{s}{1-s}P_{发}\right)(1+r_H)+p(1-q)P_{市}N(1+r_H)+$$

$$(1-p)q(1-s)N\left[P_{市}+\frac{s}{1-s}P_{发}-a(R_R-r_L)\right](1+r_H)+pqP_{市}N(1+r_L)$$

上述表达式表示：投资者的预期效用与公司的预期效用之和，即将博弈双方各自支付矩阵内的支付函数相加。

在约束条件（＊）式下，求解最优 $s_{。}^{*}$ 关于 s 的一阶导数为 0

$$(E^qU_1+E^pU_2)'=\frac{1}{(1-s)^2}NP_{发}\{q(1+r_f)+(1-q)[(1-p)(1+r_H)$$

$$+p(1+r_L)]\}+(1-q)N[(1-p)(1+r_H)(P_{市}-P_{发})$$

$$+p(1+r_L)(P_{市}-P_{发}-c)]+(1-q)N[P_{发}+pa(r_R-r_L)-P_{市}](1+r_H)$$

$$=0$$

解得，

$$s_1^*=1-\sqrt{\frac{P_{发}\{q(1+r_f)+(1-q)[(1-p)(1+r_H)+p(1+r_L)]\}+(1-q)N[P_{发}+pa(r_R-r_L)-P_{市}](1+r_H)}{(1-q)[(1-p)(1+r_H)(P_{市}-P_{发})+p(1+r_L)(P_{发}+c-P_{市})]}}$$

上述解是驻点。

上面最优解存在的条件是 $\frac{c}{P_{市}-P_{发}}>1+\frac{1+r_H}{1+r_L}\frac{1-p}{p}>1$

求 s 的二阶导数，判断驻点是否为最优解

$$(E^qU_1+E^pU_2)''=\frac{2NP_{发}}{(1-s)^3}\{q(1+r_f)+(1-q)[(1-p)(1+r_H)+p(1+r_L)]\}>0$$

为凸函数，表明驻点是极小值，这似乎难以理解。但是如果我们用“囚徒困境”来解释，就很容易理解这个极小值解是一个博弈均衡解。其一，当 $s=s_1^*$ 时，投资者的预期效用与公司的预期效用之和取得极小值。当公司出售的股权份额 $s>s_1^*$ 时，投资者所获得的效用在增加，而公司所获得的效用在减少，总效用在增加。其二，当公司出售的股权 $s<s_1^*$ 时，投资者所获得的效用在减少，而公司所获得的效用在增加，总效用在增加。其三，当 s 偏离 s_1^* 时，总效用在增大，虽然存在改进的机会，但是一旦改变 s，必然会有参与一方的利益受到损害，所以 s_1^* 是个稳态。这就如同“囚徒困境”一样，最后的均衡解并不是最优解，但却对双方来说，背离均衡解所带来损失使得博弈双方都不愿意越过均衡解，这是一个有趣的结论。

4.3.3.3　制度约束变量的引入：加入监管层的博弈

下面将上面涉及两个外生制度约束参数内生化，根据我国股权再融资制度演进的变迁，分别考查监管者在调整增发价 $P_{发}$ 和资产收益率 r_R 时带来的影响。r_R 直接影响到制度成本：$c=a(r_R-r_L)$。下面考察这两个因素对投资者和公司的两个均衡解的影响，

（1）考虑 $P_{发}$ 的变化。

考虑公司的预期效用与 $P_{发}$ 之间的关系，将 $EU_2{}^*$ 对 $P_{发}$ 一阶求导：

$$\frac{\partial(EU_2{}^*)}{\partial P_{发}}=sN(1-q)[(1-p)(1+r_H)+p(1+r_L)]$$

$$=sN(1-q)(1+E^Pr)>0$$

考虑投资者的预期效用与 $P_{发}$ 之间的关系，将 $EU_1{}^*$ 对 $P_{发}$ 一阶求导可得：

$$\frac{\partial(EU_1{}^*)}{\partial P_{发}}<0$$

上两式说明：其一，当 $P_{发}$ 提高，公司更愿意增发股票，因为在融资规模一定的情况下，公司让渡的股权越少。其二，如果上市公司是国有控股企业，作为监管部门也愿意 $P_{发}$ 提高，这样外界质疑国有资产股权流失的可能性就会降低。因此，在提高增发价格上，监管者和上市公司可能成为利益共同体。当然，$P_{发}$ 不可能无限提高，因为这还得取决于另一个利益主体—投资者。当 $P_{发}$ 提高到一定水平，公司让渡的股权份额小于投资者的意愿值，在公司的增发决议的投票表决中，投资者就会用脚投票。其三，对投资者而言，当 $P_{发}$ 提高，在融资规模一定的情况下，公司让渡的股权越少，对投资者的吸引力就会降低，投资者的预期效用就会下降；当 $P_{发}$ 降低时，在融资规模一定的情况下，公司让渡的股权越大，对投资者的吸引力就会加强，投资者的预期效用就会

上升。

（2）考虑制度成本 c 的变化。

考虑公司的预期效用与 c 之间的关系，将 $EU_2{}^*$ 对 c 一阶求导：

$$\frac{\partial(EU_2{}^*)}{\partial c} = -(1-s)p(1-q)N(1+r_L) < 0$$

考虑投资者的预期效用与 c 之间的关系，将 $EU_1{}^*$ 对 c 一阶求导：

同理可验证，$\frac{\partial\ (EU_1{}^*)}{\partial\ c} > 0$

上两式表明：其一，当 c 提高时，股权再融资的门槛提高。对公司来说，意味着成本提高。政府采用从紧的增发管制政策，提高发行标准，即提高 $a(r_R - r_L)$ 中的 r_R 部分，在我国一般为 6% ~10%。在这样的条件下，公司融资的成本加大，公司融资的动力减少，从而使得公司的预期效用下降，当 c 提高到一定值时，公司就会取消股权再融资计划。其二，对投资者而言，当 c 提高时，公司融资的门槛提高。r_R 的提高意味着公司恶意融资的概率下降，更多具有成长性和赢利能力的公司得到优先增发的机会。由于再融资门槛的提高，必将带来上市公司再融资绩效的提高，投资者的预期效用将会增大。

5　中国国有商业银行制度改革中利益集团的作用机制分析

中国国有商业银行进行过的制度改革与其自身存在的问题一样多，直到2005年股份化后的中国建设银行在香港上市，国有独资银行才逐步完成向国有控股股份制商业银行的转向。但国有银行上市，并不意味着一劳永逸，就不再出现新的问题或者旧的问题就不存在。市场未必像我们期望的那样自动帮助银行完善内部治理，产权更明晰的各类股东也未必就自觉监督和促进银行更快更好地成长，已经上市多年的一些国有企业就是明证。正如张杰（2005）所言："让许多人疑惑不解的是，经过多年的改革，国有银行外部架构以及技术参数越来越接近于国际标准商业银行，但内部结构以及行动绩效却依然故我。"① 因此，对中国国有银行改革的探讨并不能因此而终结。本章在回顾国有银行改革历程的基础上，从控制权博弈和政治银行家的委托代理博弈两个利益集团的视角，来分析国有银行股份制改革过程。

5.1　国有银行制度改革回顾

5.1.1　国有银行制度改革的几个阶段

5.1.1.1　1979—1984年：设立四大国有银行，重建二级银行体系

这一阶段，"中、农、工、建"四大国有银行先后设立，分别在工商企业流动资金、农村、外汇和基本建设四大领域占据垄断地位。由于这一体系是按照计划经济的行业管理思路进行的，各银行还没有树立商业银行的经营理念。

① 张杰．注资与国有银行改革：一个金融政治经济学的视角．经济研究，2004（6）：7.

1984 年中国人民银行成为真正意义上的中央银行，在此基础上我国建立了中央银行和商业银行并存的两级银行体制。

5.1.1.2　1985—1993 年：专业银行的企业化改革

这一阶段的改革主要集中在三个方面：①资金体制。1985 年国家实行“拨改贷”制度后，银行成为企业资金来源的主渠道，信贷资金管理体制随之由“差额包干”过渡到“统一计划，划分资金，实贷实存，相互融通”。1987 年，人民银行再贷款实行“合理供应，确定期限，有借有还，周转使用”的原则，进一步完善了这一信贷资金管理体制。②银行体系。为了发展“有计划的商品经济”，我国银行体系迅速扩张。1985 年人民银行出台了专业银行业务可以适当交叉和“银行可以选择企业、企业可以选择银行”的政策措施，鼓励四家专业银行之间开展适度竞争，从而打破了银行资金“统收统支”的“供给制”。③机构管理。银行由以前那种机关式管理方式开始向企业化管理方式过渡，全面推行责、权、利相结合的企业化管理改革，打破分配上的“大锅饭”，增强金融系统活力。

5.1.1.3　1994—2002 年：国有独资商业银行改革

在此阶段国家采取一系列推动措施推动国有银行改革：①1994 年，正式颁布《商业银行法》，从法律上明确了四家银行是实行自主经营、自担风险、自负盈亏、自我约束的国有独资商业银行。与此同时，新成立国家开发银行、中国农业发展银行和中国进出口银行三家政策性银行，专门接受四家银行的政策性业务，实现政策性金融与商业性金融相分离。四家银行过去的专业分工也更加淡化，业务交叉和市场化竞争进一步发展。②1998 年，财政部定向发行 2700 亿特别国债，所筹资金专门用于补充四家银行资本金。③1999 年，四家国有商业银行将 1.4 万亿资产剥离给新成立的华融、东方、信达、长城四家资产管理公司，有助于国有银行化解巨额不良资产。④加强内部管理和风险控制建设。正式取消国有商业银行的贷款规模管理，实行资产负债比例管理；国有商业银行进一步强化统一法人管理，改革内部稽核体制，建立权责明确、激励和约束相结合的内部管理体制；引入国际先进的贷款风险识别和管理理念，推行贷款五级分类试点。⑤根据市场化原则积极推进机构管理改革。针对分支机构重叠、管理层次多、运行低效的状况，国有商业银行从 1998 年开始进行机构改革和人员精简。1998—2002 年间共精简机构约 4.5 万个（其中县支行约 1800 个），净减少人员约 25 万人。

5.1.1.4 2003年至今：股份制改革与上市

2003年年底，中国银行和中国建设银行被推进股份制改革进程之中，政府动用450亿美元国际储备注资，这标志着我国国有商业银行股份制改革的正式启动。此次改革遵循标本兼治、综合治理的原则，总体上分为四个步骤：

第一步：财务重组，即在国家政策的扶持下消化银行的历史包袱，提高资本充足率水平，彻底改善银行的财务状况，它是国有商业银行股份制改革的前提和基础。具体包括注资、发行次级债券以补充资本金，处置不良贷款以降低不良贷款率两个方面。改组后，四家银行资本充足率显著提高，资产质量和盈利能力逐年改善，风险控制能力明显增强。

第二步：公司治理改革，即根据现代企业制度的要求和国际先进银行的实践经验，对银行的经营管理体制和内部运行机制进行改造，是国有商业银行股份制改革的核心和关键。在完善公司治理机制方面，一是要严格确定内设组织机构的职责边界和议决事议程，特别是要规范股东所有权的行使；二是要建立规范的董事会制度，董事会要建立效率评价和责任追究制度，并充分利用各专业委员会对银行实现有效治理和科学管理；三是提高经营管理层的专业化管理水平；四是加强监事会的职能。

第三步，引进战略投资者。根据证监会颁布的《关于进一步完善股票发行方式的通知》，战略投资者是指与发行公司业务联系紧密且欲长期持有发行公司股票的机构投资者。监管部门对引进战略投资者设置的标准有四条：①投资者持股比例必须高于5%，否则难以形成牢固的战略合作关系；②投资者必须持股3年以上，以保证在较长时间内双方合作的稳定性；③投资者必须派出董事，派出相应的管理人员，帮助国内人员提高经营管理技术；④投资者要提供技术和网络上的支持。

第四步：资本市场上市①。通过使国有银行在境内外资本市场上市使其成为公众化的银行，从而进一步改善国有商业银行的股权结构，使其真正接受市场的监督和检验，变成真正市场化的主体。

---

① 2005年10月，建设银行在香港联合交易所上市，是四大国有商业银行首次实现海外公开上市的银行。此后2006年6月、7月，中国银行先后在香港联交所和上交所上市；2006年10月，中国工商银行同时在香港联交所和上交所上市；2010年7月，中国农业银行在上交所和香港上市。

5.1.2 对我国国有银行股份制改革的评价

国有银行改革涉及的方面和层面很多①，但鉴于目前已经走上股份制改革道路，以前有过的争议暂且不论，下面我们仅仅就国有银行股份制改革的相关问题进行评价。

5.1.2.1 关于注资

财政注资银行，是国有银行多年来替代财政之后的一种“反替代”，很多学者对注资提出了不同的意见。

（1）注资合理合法。陆磊（2004）认为注资是真正的市场化行为，欠债还钱是天经地义的事。国有银行不良资产生成主要是中央和地方政府干预的结果，注资等于清理国家欠账。

（2）注资可能无效。注资行动很有可能成为“纳税人向银行所进行的一次转移支付”，如果没有其他配套改革措施跟上，注入的资本也极有可能被银行代理人的轻率的金融行为很快挥霍掉（World Bank，2001）。钱颖一（1995）在参与设计注资方案时就认为，向银行注资的好方法应是为银行提供重组企业的激励，而不是单单对银行进行注资。

（3）注资没有必要。张杰（2003）② 用国家声誉概念来分析国有银行的资本金问题，它认为国有银行之所以能在真实资本极少得到补充且不良贷款比率居高不下的情况下保持稳定，是因为国家与居民在中国特殊的改革背景下建立起了一种奇妙的资本联盟。在这种联盟中，国家以声誉入股且具有不可分性。他进一步指出，巴塞尔资本协议的约束效应在许多国家被证明是灾难性的，银行账面指标的短期和静态达标不难达到，但是由此造成的成本则会严重影响长期的银行改革进程。

5.1.2.2 关于债务重组

对国有银行债务重组的积极评价更多一些。

（1）债务重组是对渐进改革成本的支付。陈野华（2006）③ 国有银行财务

---

① 关于国有银行产权制度，张杰（2004）提出银行制度弱相关论。他认为，一个经济中金融资源配置效率的高低，与采用何种银行制度弱相关，而与企业制度强相关；决定一种银行体制是否有效率的关键是其资产状况，而银行的资产状况又直接取决于微观经济部门对待银行贷款的态度与行为；国有银行制度在世界范围普遍存在，且不乏有效率运作的例证，通过人为方式降低国有银行比例以提高银行整体效率是一种逻辑误导。因此，中国国有银行改革的可行方式是谋求改变资产结构，而不是试图重组资本结构。

② 张杰. 中国国有银行的资本金谜团. 经济研究，2003（1）：30.

③ 陈野华，卓贤. 中国渐进改革成本与国有银行财务重组. 经济研究，2006（3）.

重组是必要的，它既是被转移的渐进改革成本在国有银行不断累积的必然结果，又在客观上形成了渐进改革成本的发现机制。虽然国有银行财务重组暴露并化解了国有银行在渐进改革过程中累积的风险，但其承担的渐进改革成本的动态演变过程远未结束。

（2）债务重组是一种综合平衡。张杰（2004）从流动性角度看，起码的损失处理和坏账核销是必要的。这样可以做到三个平衡：责权平衡，对旧账坚决不欠；国家信用与国家职能的平衡，不能让商业银行承担政策性义务；改革收益与改革成本的平衡。

5.1.2.3　关于国家控股比例

对于国有商业银行股份制改革，在得到各方肯定的同时，也有人提出了疑问，是否必须国家绝对控股？国有商业银行股份制改革，股权结构的安排主要有两种选择：一是绝对控股，即国有股份占51%以上；二是相对控股，即国有股份在50%以下。

（1）绝对控股。白世春（2000）认为，就目前我国的实际情况来看，宜选择“绝对控股”方式，因为银行毕竟在国民经济中占有重要地位，如不能保持控股地位，那么政府调控经济的意图就很难得到体现。张杰（2003）认为，国家以其声誉“入股”，居民正好“愿者上钩”，居民存款与国家声誉相结合，共同构成了国有银行的资本金，他由此得出“国家退出悖论”：如果国家不控股，国家声誉便等于零，与国家声誉相伴的居民存款便会有大量“出逃”的可能。

（2）相对控股。王元龙（2001）认为，如果过分强调国家对国有商业银行的控股权而且是绝对控股，很有可能再次导致旧体制的复归，政企不分、行政干预银行经营活动的状况将死灰复燃，相对控股则是较为理想的选择，国有股权可保持在30%~50%为宜。田国强、王一江（2004）也认为，即使国有商业银行上市，只要银行的产权结构仍没有什么变化，政府占大股，经营决策权由国有大股东的代理人来决定，就不可能有足够强的外部监督来制约，管理体制很难有实质性的改变。

5.1.2.4　引入境外战略投资者

关于股份制改造中是否应该引入境外战略投资者和战略投资者能带来哪些影响的问题上，学者们大部分赞成引入战略投资者，并认为这样做有助于推动中资银行改革。但也有一些学者提醒引入战略投资者带来的负面效应。

（1）正面效应。主要包括：增强资本实力；改善银行治理结构；引入先进的理念、经验和技术，提高管理水平；提供产品和技术方面的帮助；带来合作效益和合力效益；提升我国银行业的国际影响力和竞争力等等。

（2）负面效应。入股国有银行的境外机构可能是财务投资者，而不是战略投资者，难以取得引入战略投资者带来的各种好处；引入境外战略投资者会造成我国银行机构的微观效率损失，因为垄断带来的控制权租金可能会引发银行控制权的争夺；引入境外战略投资者过程中银行股被贱卖，导致国有资产流失；可能产生金融体系风险和国家安全的问题。金融是一个国家的核心部门之一，如果金融资源控制权被国外机构掌握，可能会危及国家安全。

5.1.3 国有银行股份制改革中利益集团的类型与特征

我国国有商业银行股份制改革进程中牵涉到各种不同的利益集团，按照不同的标准，可以有不同的分类模式：

（1）按股改博弈的利益关系，可分为控股股东、银行家（职业经理人）、境外战略投资者等三方。虽然还有其他股东，例如一些国有大型企业入股银行，他们主要是作为财务投资者进入的，对控制权不感兴趣，总之他们不会影响股份制改革方案设计。而境外战略投资者不仅可以参与股份制方案的博弈（例如持股比例），而且还可以议价方式参与形成入股价格。

（2）按国有股份银行的股本结构划分：国内控股股东、国内中小股东、境外战略投资者、境外中小投资者。这将形成独特的利益关系，股东之间既相互制约又相互依赖，相互制约是指国内外大股东之间关于银行控制权的争夺，相互依赖是股东之间相互发挥其长处，例如国内股东需要依靠境外股东来抵挡政府干预。

（3）按国有股份银行的运作流程可分为：监管层（主要是银监会、证监会等）、控股股东、银行家（非股东）、中小股东和员工等，这是从创造价值和分配价值的主体角度的划分。

以上的分类方式都有其合理性，各利益集团之间或共同扶持，或相互制衡，而且在不同阶段他们的关系还会发生微妙的变化。本书基于两个视角研究国有银行股份制改革过程，一是控制权竞争模型，涉及的利益集团分为国有大股东、境外战略投资者以及监管者三方；二是政治银行家模型，涉及的利益集团是国有大股东（作为委托人）、政治银行家（作为代理人）和境外战略投资者。下面分别对这四个利益集团的特征进行分析：

5.1.3.1 国有大股东特征分析

（1）利益主体分析。

从我国国有商业银行股份制改革的进程来看，中央汇金公司和财政部无疑是国有商业银行的两大国有股东。2003 年 12 月 16 日，汇金公司经国务院批准成立，随即动用450亿美元外汇储备对中国银行和中国建设银行注资；2005年4月，汇金公司向中国工商银行注资150亿美元，与财政部各占50%股份；2008年11月汇金公司向中国农业银行注资约190亿美元。

中央汇金公司与财政部以及央行的关系在汇金注资后就变得日益模糊。在工商登记中，汇金是财政部的全资子公司，其5000万注册资金全部为财政部出资；从隶属关系角度来讲，汇金归国务院国有独资商业银行改革领导小组指挥运作，而这个领导小组的成员主要来自央行，并由央行行长领导；但是从公司治理的角度来讲，财政部又可以行使所有者权力。本书对中央汇金公司以及财政部的这种难以界定的关系不做讨论，而是根据二者共同的利益诉求将其视为一个整体，并进一步分析其在我国国有商业银行的股份制改革进程中与其他相关利益集团的相互影响。

（2）利益集团目标。

许多学者和业内人士对汇金的定位提出了疑问，例如巴曙松（2005）认为①：“汇金究竟是维护金融稳定、具有政府性质的机构，还是对外汇储备保值增值负责、高效运用外汇储备的投资机构？如果是前者，就需要厘清什么是宏观风险，什么是微观风险，否则容易引发道德风险；而如果是后者，则必须考核汇金的投资收益，并向社会披露。”汇金公司总经理谢平（2005）表示，中央汇金公司代表国家出资，代表国家依法行使出资人的权利和义务，必然要获得投资回报。由于中央汇金公司和财政部的政府属性，其行为必定具有某种程度上的政策偏向。同时，汇金公司作为国家委托的控股公司，肩负着国有金融资产保值增值的重任，必然要通过持股获得投资回报和分红收益的。因此，这两个国有大股东的利益目标可以包括以下两类：其一，政府目标。贯彻执行相关的政策目标，有效地保证国有企业改革、产业政策传导、央行货币政策传导等系统性问题，尽可能创造更多的社会效益。其二，经济目标。实现所持银行股份的保值增值，以期获得投资回报和分红收益。

在本书后续分析中，我们将国有大股东实现其政府目标的途径，归因于对国有商业银行控股权的掌握，将其实现经济目标的途径，归因于对银行价值的保值增值。由于银行控制权与银行价值也有紧密联系，因此可以认为，国有大股东若要实现政府目标和经济目标这双重目标，最终都是以银行价值为基础的。

（3）利益集团行动特征。

国有商业银行之所以进行股份制改革，引进战略投资者，其最大的目的是

---

① 参见：中央汇金公司．金融版图解密．中国企业家，2005（13）：85.

想充分提高商业银行的活力，增加银行价值。如前所述，国有大股东为了实现其政府目标，他会牢牢把握控股权，以期更多地分享银行价值用于增加社会效益。在这一点上，国有大股东与境外战略投资者是有利益冲突的，不希望境外战略投资者获得更多股权，担心境外战略投资者有损其社会效益的实现。同时，为了实现经济目标，国有大股东又希望赋予境外战略投资者更多的权利，使其能够充分发挥在公司管理和技术方面的优势，从而通过银行价值的增加来实现自身经济效益的增加。

当然，以上分析都是基于境外战略投资者比国有大股东拥有更强的竞争力（即资金、业务、人员、管理、科技等方面的优势）为前提的。国有大股东出于上述两个目标的兼顾，会处于两难的地位，而其决策的出发点就是对两个目标的利益权衡。但是，权衡的标准却很难有效把握，在引进境外战略投资者后，到底在什么时候应该对哪个目标有所侧重，这也正是本书所要探讨的问题。

5.1.3.2　境外战略投资者特征分析

（1）利益主体分析。

战略投资者的提法源于国外的证券市场，指的是能与上市公司大股东长期“荣辱与共、肝胆相照”的机构投资者。我国对战略投资者的界定始于1999年7月中国证监会发布的《关于进一步完善股票发行方式的通知》：“与发行公司业务联系紧密且欲长期持有发行公司股票的法人，称为战略投资者”。《通知》还强调，与普通的财务投资者不同，战略投资者在公司发展初期进入公司，在公司还比较困难的时期与公司大股东共同努力，协助公司改善治理状况，提供先进的管理技术和经验。银监会副主席唐双宁（2003）也指出，战略投资者不仅仅在资金上财务上与银行合作，更重要的是要提供先进的经营理念、管理经验、技术和专才，帮助银行改善风险管理和内控机制，改革股权结构，优化法人治理结构。

从类型来说，战略投资者有境内和境外之分，在本书中涉及的战略投资者仅指境外战略投资者。从已有的案例来看，我国国有商业银行股份制改革进程中引进的境外战略投资者大多是国际知名的金融机构。比如建行引进的美洲银行，在美国综合排名第二，拥有美国最大的全国性零售网络，是美国排名第一的小型企业贷款银行。中国银行引进的苏格兰皇家银行按市值计算，是欧洲第二大、全球第六大的世界知名银行集团。工商银行引进的高盛集团是全球领先的投资银行、证券和投资管理公司，在全球范围内向大企业、金融机构、政府与高净值私人客户提供高端金融服务。只有中国农业银行引入了27家国内的战略投资者。

(2) 利益集团目标。

境外战略投资者之所以进入我国银行业，参与我国国有商业银行的股份制改革，主要是为了获得直接的经济效益和拓展海外市场。汇丰集团主席庞约翰爵士在参股交通银行签署战略合作协议时曾说：“这项投资标志着汇丰与交通银行双方的重大承诺。对汇丰来说，为我们打开了拓展中国业务的新窗口。”境外战略投资者追求的目标既有短期长期之分、又有微观宏观之分，具体来讲包括以下四个方面：其一，获取较高投资回报。这主要指境外战略投资者通过持有我国国有商业银行的股份进而分享丰厚的盈利。其二，了解和占领中国银行市场。通过投资入股、当董事，可了解掌握我国国有商业银行的经营劣势和商业秘密，特别是获取优质客户，从而占领中国市场。其三，规避管制。境外战略投资者通过与我国国有商业银行合作，可以达到规避管制的目的。首先是规避入世承诺中的业务、客户和地域限制。其次是规避独资设立网点监管严格的限制。其四，利用中国国有商业银行的网络推广自己的产品。境外战略投资者与国有银行相比最大的劣势就是没有属于自己的机构网络，而银行业没有网络是无法开展业务的。因此，境外战略投资者选择对我国国有商业银行投资的目的之一便是逐步扩大自己的网络，推广其产品。

为了达到上述第一个目标，境外战略投资者与国有大股东的出发点是一致的，即通过增加银行价值继而获得自身效益的增加额。而第二和第四个目标则是与国有股东的利益有矛盾的，这两个目标可能会一定程度上侵犯国有股东的利益，这就在某种程度上导致境外战略投资者与国有股东对控股权的争夺。第三个目标则在境外战略投资者入股同时带来了金融风险，对银监会所实施的外部监管提出了较大挑战。

(3) 集团行动特征。

境外战略投资者进入中国银行业，可以选择的方式有很多种，比如合资、持有入股银行股份等。基于自身效益最大化出发，境外战略投资者一般是选择参股的方式。本书主要讨论的是在参股情形下境外战略投资者的行为模式。首先，逐利虽然是境外战略投资者入股我国国有商业银行的一个主要目标，但境外战略投资者又不会满足于有限的投资回报，他很可能会与职业经理人相勾结，获得除按股份配额获得的投资分红外的额外收益。其次，境外战略投资者也可能会对政府进行寻租，以获得更多的股权进而逐步控制我国国有商业银行，达到占有我国更多金融资源的目的。再次，境外战略投资者可能存在短期行为，当其初始投资得到相应回报后，可能会马上抽逃资金，可能引起金融市场的动荡。此外，从长期来看，由于我国国有大股东和境外战略投资者之间只是股权投资关系，双方不是控股公司的关系，就会存在利益冲突，当股权投资回报不能令其满意时，境外战略投资者就会相机出卖所购股权，结束对我国国有商业银行的投资。

一般来讲，境外战略投资者争取的是一个长期效应，所以其可能不满足于现有股份比例，倾向于争取更多的控股权。我们正是针对这个视角，并进一步把它放大，从长期考虑来探讨境外战略投资者引进的利弊，以及他与国有大股东关于控股权之争对各相关利益集团的影响。

5.1.3.3 监管者集团特征分析

（1）利益主体分析。

毋庸置疑，无论国有大股东还是境外战略投资者，都会出于自身效益最大化，对其自身实施一定的内部监管，如完善内部产权结构、控制内部人等，这些内部监管会在一定程度上增加股东收益。但是，考虑到我国国有商业银行股份制改革这个特殊时期，银监会对国有大股东和境外战略投资者所实施的外部监管显然要比两大股东对自身实施的内部监管要重要得多。

因此，本书的监管者是指我国银监会，主要研究银监会出于维护金融安全的考虑，对两大股东实施的外部监管。同时值得注意的是，银监会对国有大股东和境外战略投资者分别实施监管，力度不同，形式不同。考虑到银监会作为一国银行体系稳定运行的维护者，不难理解其对境外战略投资者怀有的疑虑和审慎态度，因而对境外战略投资者实施谨慎性监管也是合乎逻辑的。

（2）利益集团目标。

作为国有商业银行股份制改革整个进程的监管者，银监会会不遗余力地维护整个银行业乃至我国整个金融界的安全，防止和避免对国有商业银行股份制改革不利的行为。银监会也会在金融安全的前提下，通过相关政策的制定和调整，提高中国国有股份制银行的价值。简言之，银监会一方面要维护金融业的安全，使国有商业银行股份制改革有条不紊地进行；另一方面，还要努力提高银行价值，获得预期收益。

（3）利益集团行动。

银监会兼顾的是整个国有商业银行整体的安全与效益。一方面，要从经济效益方面考虑，适当放宽境外战略投资者的入境审核标准；另一方面，国有大股东是国家利益的代表，不会对我国国有商业银行的经营造成风险隐患，而进入我国国有商业银行的境外战略投资者活跃程度非常高，他们在与银监会博弈方面有着丰富的经验，给银监会监管体系提出挑战。出于金融安全考虑，银监会必然会对国有大股东和境外战略投资者实施程度不同的监管，以免其危害国家利益。

无论从准入资格还是从具体操作上，银监会对境外战略投资者的监管力度都要明显强于对国有股东的监管。银监会还就境外战略投资者入股中资金融机构专门制定了“五项原则”和“五个标准”，对境外战略投资者的持股比例、持股期限、持股中资银行数目等都做了额外规定①。与国有股东不同的是，银监会可以根据金融业的风险状况调整境外战略投资者入股国有商业银行的资格，即在防范金融风险的前提下，可以对境外战略投资者的准入资格进行严格的审查。在监管过程中，如何准确把握对国有股东和境外战略投资者的监管力度，从而既达到维护我国国有商业银行金融安全的目的，又能够促进银行价值的增加，是银监会行为的目标取向。

5.1.3.4　政治银行家

（1）利益主体分析。

政治银行家与前面第二章提到“政治企业家”概念和第三章提到“政治银行家”理论都有联系。索利兹伯里的政治企业家是一个利益集团的领导或精英，除了正常的集团利益，还有自己的私利，通常还能利用地位获得超额收益。当然，他们也比一般集团成员有更多的付出和对利益集团的更大的贡献。政治银行家是“政治人”与“经济人”的某种结合。在中国，他们主要是指银行的高级管理人员，也可以说是“职业银行家”，与职业经理人相对应。他们是银行股东委托来经营银行的管理者，如果股东是国家，银行家就是国家委托的代理人。政治银行家通常具有特定的利益结构和利益偏好，他们既有经济利益，又非常重视政治利益，比较适合对转轨经济过程中国有经济部门的高级管理人员的描述。

（2）利益集团的目标。

索利兹伯里认为，政治企业家追求三种类型的利益，即物质的利益、观念的利益和归属的利益，是各种利益的集合体，具有复杂的利益结构。政治银行家则既追求货币收益，也追求非货币性收益，例如官位权力、政治支持、社会声誉和公众形象等等。政治银行家的货币收益除了较高的收入外，还可以从制度变革中获得好处，他可以将个人成本外部化、制度收益内在化。政治银行家的非货币收入是与其贯彻监管机构或其他政府部门的指令或意志有关，例如银

---

① 银监会2003年颁布《境外金融机构投资入股中资金融机构管理办法》（2003年第6号）和2006年1月银监会颁布的《中资商业银行行政许可事项实施办法》（2006年第2号令）。

行家可以为了支持当地经济发展而加大贷款支持，执行政府意图去兼并一家濒临倒闭的金融机构等。

（3）利益集团的行动。

复杂的利益结构决定了复杂的行动。政治银行家群体的行动具有较强的一致性，也具有较复杂的个性。翻开各家上市公司的公开资料，可以看到政治银行家作为高级专业管理人才，都具有很高的薪金或是高价值状态的期权收益。他们会非常努力地提高银行经营管理水平，控制资产风险增长，因为他们的行动决定了大部分货币收益的实现。同时，银行家们一般都是各级人大和政协的代表或委员，会积极地参加政治或公益活动，在提升所在集团的形象之余，也提升了他们个人的社会和政治形象，这是银行家们政治性的一面。当然，在中国不仅银行家如此，其他行业的佼佼者一般也都与政治发生某种关系，这是中国特定社会结构所决定。

应该说政治银行家的行为在很大程度上影响着国有银行制度变革的进程。无论是他们的政治利益还是经济利益，都与银行安全、银行规模扩大、银行价值增长有很大关系，因此他们会极力推动银行发行股票上市，这样可以迅速扩大规模扩大影响。但是，股份化过程中，引入新的战略投资者将会导致他们失去部分对银行的实际控制权，这是他们不愿看到的。尤其是在他们出面与境外战略投资者谈判博弈的过程中，需要特别的谨慎，许多决定都可以被上升到国家利益、国家安全的高度，例如银行股出售价格和参股比例的限制等，稍微有偏差，都可能会极大损害他们所看重的政治利益。

5.1.3.5 利益集团间的利益矛盾

通过上面的分析，我们对我国国有商业银行股份制改革中涉及的这四大利益集团有了一定的认识。值得注意的是，在本书还涉及一类特别的团体，他们是除国有大股东和境外战略投资者外的部分国内机构投资者，如国家电网公司、上海宝钢集团公司、中国长江电力股份有限公司等，由于他们所占股份较少，以后都简称为小股东。在今后银行股权争夺过程中，他们是国有大股东和境外战略投资者竞相争取的对象。在某种程度上，他们的决策能够决定这两大股东的控制权大小。所以，在下面利益集团控制权争夺的分析中，我们也把这部分特殊团体引入其中。

利益集团的行动都是为实现其目标服务的，由于各利益集团目标间会有交叉和矛盾，导致集团间既有合作又有冲突，我国国有商业银行股份制改革也是如此。在提高效益方面，境外战略投资者、政治银行家和监管者会联手抵制国有大股东的无效率行为；国有大股东作为委托人对其任命的代理人政治银行家之间也有很强的监督制约关系，否则可能发生严重的内部人控制问题；在银行的发展战略上，国有大股东、政治银行家和监管者会联手牵制境外战略投资者追求短期效益的行为；在涉及金融安全与国家利益方面，国有大股东、政治银行家和监管者又会联合起来对抗外资资本。而国有股东和境外战略投资者进行博弈的最终落脚点就是集中在控制权的争夺上，上述国内小股东的利益倾向会对这两大股东的控制权产生较大影响。此外，为了模型简化，我们不将监管者作为独立变量，而是将其作为约束条件引入对国有大股东、境外战略投资者以及小股东实施的监管当中。

5.2 国有银行股份制改革中利益集团的博弈机制：控制权竞争模型

通过对国有商业银行股份制改革中的利益集团的分析，国有大股东和境外战略投资者之间进行博弈和较量的出发点和落脚点都集中在对控制权的争夺上。拥有控制权的一方不仅能获得银行价值增值所带来的经济流入，还会享受各种非经济收益，所以在该模型中我们引入控制权收益的概念。监管者代表公众利益出于金融安全的考虑，在控制权的争夺中会分别对两大股东以及小股东施加不同程度的压力，模型中分别将其转化为对两大股东效用函数和小股东“制裁成本”的约束条件。此外，该模型还赋予除两大股东之外的小股东一定程度的投票权，这种权利的行使将会使国有股东和境外战略投资者的控制权进行再分配。目前这种投票权利在我国尚未实现，但如果将其作为一个新的视角并将其扩大，或许可以挖掘出更多对国有银行改革有益的建议和主张。

5.2.1 控制权竞争的成本收益分析

5.2.1.1 控制权竞争主体

根据股东的不同属性，假设国有商业银行控制权竞争主要有两大股东，用 i 表示，$i=1, 2$，其中大股东 1 为境外战略投资者，大股东 2 为国有大股东。两类大股东内部均体现为利益一致性集团，并且有一系列除两大股东之外的小股东，用 s 表示。

5.2.1.2 股东持有股份比例

国有商业银行股改的初始股权分配由国家决定。假设国家本着收益最大化原则来选择股权分配。总体股份为单位 1，α_1 为境外战略投资者初始分配得的股份额，α_2 为国有大股东初始分配得的股份额，$\bar{\alpha}$ 表示这两大股东所拥有股份之和，$\bar{\alpha}=\alpha_1+\alpha_2$。剩余的股份 $1-\bar{\alpha}$ 均为除两大股东外国内其他小股东所拥有，以下简称其为小股东。为了更好地体现控制权竞争，本书假定 α_1，$\alpha_2\in(0, 0.5)$，也就是国家不绝对控股的情形。国家先决定出售给国内非国有股东（其他小股东）的股票量 $1-\bar{\alpha}$，然后再决定剩余股份 $\bar{\alpha}$ 在两大股东（国有大股东和境外战略投资者）之间进行分配（α_1，α_2）。

5.2.1.3 竞争力

获得控制权的大股东对控制权的使用将会影响银行价值。当两大股东分别处于控制权地位时，由于其经营管理等不同，使银行增值的能力存在差异，假设这个能力为 θ_i，即竞争力。竞争力体现为股东将控制权转化为银行价值的能力，如制定、实施银行总体发展战略和管理架构的能力。用 θ_1 表示境外战略投资者的竞争力，θ_2 表示国有大股东的竞争力。显然，境外战略投资者比国有大股东更具有竞争力，即 $\theta_1\geqslant\theta_2$。两股东竞争力的差异用 $\Delta\theta$ 表示，即 $\Delta\theta=\theta_1-\theta_2>0$。

5.2.1.4 控制权收益

假定在股东会议上发生了控制权的竞争，争夺控制权的两大股东（境外战略投资者和国有大股东）都提出各自的经营战略。这些战略都提及其掌握控制权后的经营方针，并承诺保护所有股东的利益。假设这些大股东获得控制权时，境外战略投资者的控制权收益为 B_1，国有大股东的控制权收益为 B_2。控制权收益主要体现为在职消费、股东与经理串谋，或其他影响给企业带来的损失的总和。控制权收益 B_i，给银行价值造成一个线性损失为 γB_i。参数 γ 体现了掌握控制权股东将银行利益转化为控制权收益的难易程度，$\gamma>1$ 时，表示对股东而言，获取控制权收益的成本极大。

拉詹和津加莱斯（2004）提出“控制权收益”概念①，他们认为公司的控制权收益是指较大股东对一定数量股份的意愿支付金额中超出其纯粹投资价值的部分。这部分特殊利益被称为“私人控制权收益”，其中包括收购方因执掌权力而得到的精神满足、可能通过内部交易的形式损害小股东的利益，盗窃公司财产获得的好处等。在最发达国家里，这样的“私人控制权收益”的价值

① 拉古拉迈·拉詹，路易吉·津加莱斯. 从资本家手中拯救资本主义. 余江，译. 北京：中信出版社，2004：33.

估计是有限的，在1999—2000年间大约为市场价值的2%，但在许多其他国家里，“私人控制权收益”超过市场价值的25%，在捷克为58%，在巴西达到65%。本书也是在这个意义上使用“控制权收益”这个概念的。

5.2.1.5 股东成本

股东大会进行投票，一旦投票决定控制权归属，掌握控制权的股东产生，监管者对获得控制权股东和非控制权股东有各自的监管目标，分别实施监管政策。需要说明的是，监管者对股东的监管一般情况下是间接的，是通过对银行的监管作用于股东的，这里出于模型的需要我们假定监管者的监管是直接作用于股东的。境外战略投资者和国有大股东接受监管会产生成本，我们称之为股东的反应成本 c_1 和 c_2，监管者对两大股东实施监管会为银行带来收益，分别假定为 e_i 和 e_j；同时，我们假设监管效果 = 监管力度 × 被监管者的反应成本，此时，$e_2 = h\sqrt{c_2}$（国有大股东），$e_1 = [h + h_0(\alpha_1 - \alpha^*)]\sqrt{c_1}$（境外战略投资者）。其中 h 表示监管者对股东的一般监管力度，α^* 为监管者对境外战略投资者持股份额的一个心理承受边界，同时引入 h_0 作为控制变量。当 $\alpha_1 > \alpha^*$ 时 $h_0 = 1$，即当境外战略投资者持股份额超过这个边界，监管者出于金融安全考虑，会对其加大监管力度，增加部分用函数表示为 $(\alpha_1 - \alpha^*)\sqrt{c_2}$；当 $\alpha_1 < \alpha^*$ 时，$h_0 = 0$，表示监管者无需加大对境外战略投资者的监管力度。

小股东 S 的投票是有成本的。小股东的成本主要来自两个方面：一方面，小股东投票需要他们之间进行沟通与协调以使行动一致。随着小股东股份的增加，他们之间沟通和协商费用就会增大，成本也相应上升；另一方面，小股东同样也要接受监管者的监管，当他们的投票意愿与监管者的目标不一致，会受到来自监管者的制裁进而相应地增加了小股东的成本。为了模型的简化和分析监管者在国有商业银行股份制改造中的作用，我们假设小股东之间利益一致且忽略用于沟通和协商的成本，只考虑监管者对小股东施加的“制裁成本”。其表达式为 $K = k\alpha_s^2$，其中常数 k 为监管者的制裁系数，k 越大，表明“制裁成本”将越大；α_s 为参与投票的小股东股份。以上分析表明，控制权的竞争也是小股东对成本进行选择的过程。

5.2.1.6 银行价值的有关假定

银行价值首先由控股股东的竞争力决定，其经营管理能力在很大程度上决定银行价值，同时大股东的控制权收益会造成银行价值损失。监管者通过对股东实施监管来增加银行价值，最终实现银行价值。银行价值（v）可由掌握控制权大股东竞争力水平、监管者的监督效用及控制权股东攫取的控制权收益组成，函数式表示如下：

$$V = \theta_i + e_i + e_j - \gamma B_i$$

5.2.1.7　股东投票行为

控制权分配可以理解为银行董事会成员的投票。假设银行董事会的成员数为奇数，那么股东投票的结果就只会表现为两大股东中的只有一方会获得控制权竞争胜利。一股一票，控制权股东由简单的绝对多数原则选举产生。同时，两大股东会积极参加会议投票，国内小股东不一定会参加会议，也不一定积极投票。两大股东控制权分配的结果取决于银行全部股东（大股东和小股东）的投票结果，因而，控制权竞争体现为两大股东对小股东投票权的争夺。

5.2.1.8　股东效用函数

在控制权竞争的最后阶段，两大股东依其效用水平最大化标准来决定其对监管者监管做出怎样的反应以及由此产生的成本。定义 U_i 为掌握银行控制权的股东的效用函数，定义 U_j 为未掌握控制权的大股东的效用函数。二者的效用表示为银行价值分配、控制权收益与接受监督成本函数。

$$U_i = \alpha_i (\theta_i + e_i + e_j - \gamma B_i) + B_i - c_i$$

$$U_j = \alpha_j (\theta_i + e_i + e_j - \gamma B_i) - c_j$$

5.2.2　控制权博弈分析

5.2.2.1　股东的偏好与约束

由于境外战略投资者的经营效率相对较高，本书前面假设 $\Delta\theta = \theta_1 - \theta_2 > 0$。境外战略投资者只会做出选择自己的战略，而国有大股东和小股东则会根据其效用最大化作出不同的决策，分析如下：

（1）国有大股东的偏好和选择。

定义 U_1 为境外战略投资者的效用函数，U_2 为国有大股东的效用函数；控制权转换用上标来表示，U^1 表示由境外战略投资者取得控制权，U^2 表示由国有大股东取得控制权。二者的效用都表示为银行价值分配、控制权收益与接受监督成本的函数。下面我们分两种情况进行讨论（即国有大股东取得控制权和境外战略投资者取得控制权）。

情况一：当国有大股东取得银行控制权的时候

$$U_2^2 = \alpha_2 \{\theta_2 + h\sqrt{c_2} + [h + h_0(\alpha_1 - \alpha^*)]\sqrt{c_1} - \gamma B_2\} + B_2 - c_2 \quad (1)$$

$$U_1^2 = \alpha_1 \{\theta_2 + h\sqrt{c_2} + [h + h_0(\alpha_1 - \alpha^*)]\sqrt{c_1} - \gamma B_2\} - c_1 \quad (2)$$

$$U_s^2 = (1 - \bar{\alpha}) \{\theta_2 + h\sqrt{c_2} + [h + h_0(\alpha_1 - \alpha^*)]\sqrt{c_1} - \gamma B_2\}$$

(1) 式对 c_2 的一阶和二阶导数分别是:

$$\frac{dU_2^2}{dc_2}=\frac{h\alpha_2}{2}\frac{1}{\sqrt{c_2}}>0$$

$$\frac{d^2U_2^2}{{dc_2}^2}=-\frac{h\alpha_2}{4}\frac{1}{\sqrt{{c_2}^3}}<0$$

(2) 式对 c_1 的一阶和二阶导数分别是:

$$\frac{dU_1^2}{dc_1}=\frac{[h+h_0(\alpha-\alpha^*)]\alpha_2}{2}\frac{1}{\sqrt{c_1}}>0$$

$$\frac{d^2U_2^2}{{dc_1}^2}=-\frac{[h+h_0(\alpha-\alpha^*)]\alpha_2}{4}\frac{1}{\sqrt{{c_2}^3}}<0$$

由于股东效用为多项的加总，且股东的反应成本独立于掌握控制权股东及其控制权收益。结合 (1) (2) 的一阶二阶条件可得最优反应成本由一阶效用函数给定:

$$c_1^*=\frac{1}{4}\alpha_1^2[h+h_0(\alpha_1-\alpha^*)]^2 \tag{3}$$

$$c_2^*=\frac{1}{4}\alpha_2^2h^2 \tag{4}$$

情况二:当境外战略投资者取得控制权的时候

$$U_2^1=\alpha_2\{\theta_1+h\sqrt{c_2}+[h+h_0(\alpha_1-\alpha^*)]\sqrt{c_1}-\gamma B_1\}-c_2 \tag{5}$$

$$U_1^1=\alpha_1\{\theta_1+h\sqrt{c_2}+[h+h_0(\alpha_1-\alpha^*)]\sqrt{c_1}-\gamma B_1\}+B_1-c_1 \tag{6}$$

$$U_s^1=(1-\bar{\alpha})\{\theta_1+h\sqrt{c_2}+[h+h_0(\alpha_1-\alpha^*)]\sqrt{c_1}-\gamma B_1\}-k(\alpha_2-\alpha_1)^2$$

通过 (5) (6) 的一阶条件同样可得到

$$c_1^*=\frac{1}{4}\alpha_1^2[h+h_0(\alpha_1-\alpha^*)]^2c_2^*=\frac{1}{4}\alpha_2^2h^2$$

由 (1) - (5) 式可知，当且仅当 $(1-\gamma\alpha_2)B_2+\gamma\alpha_2B_1\geqslant\alpha_2\Delta\theta$ 时有 $U_2^2>U_2^1$，国有大股东选择偏好 B_2，即国有大股东偏好自己获得控制权；当 $(1-\gamma\alpha_2)B_2+\gamma\alpha_2B_1<\alpha_2\Delta\theta$ 时，国有大股东偏好境外战略投资者取得控制权。所以可以得出国有大股东的偏好，如图 5 - 1 所示:

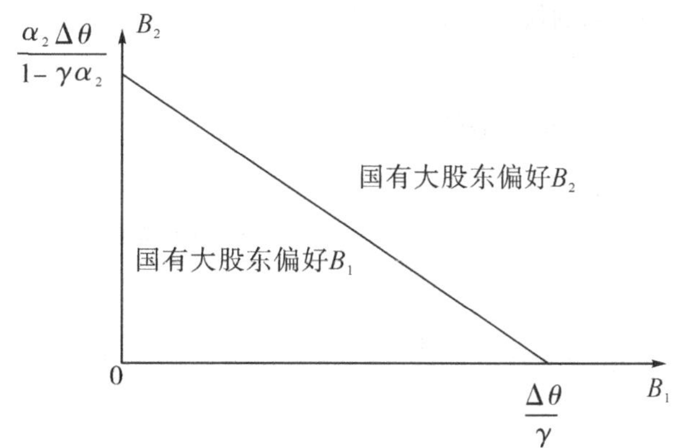

图 5－1　国有大股东偏好函数图

图 5－1 的经济含义为，当竞争力差异不是很大时，国有大股东偏好选择自己掌握控制权；当竞争力差异足够大时，无效率股东（国有大股东）偏好于将控制权让渡给有效率大股东（境外战略投资者）。

（2）小股东的偏好选择

只有当两大股东偏好不一致时小股东的投票才有可能有意义。因此，在第二大股东做出选择后，小股东投票有意义的唯一情况是当两大股东偏好不同，小股东偏好第二大股东计划］即小股东偏好 min（α_1，α_2）时］的情况。因而只需要考虑以下两种情况：

①当 $\alpha_1>\alpha_2$，且小股东偏好 B_2 而不是 B_1 的情况。

②当 $\alpha_1\leqslant\alpha_2$，且小股东偏好 B_1，而不是 B_2 的情况。即小股东偏好第二大股东的情况。

小股东投票意义在于能够使第二大股东获得控制权，其决策的临界值为：考虑当 $\alpha_1>\alpha_2$ 时，为使小股东能够通过投票支持让国有大股东获得胜利，前提条件是 $U_s^3>U_s^4$（U_s^3 为小股东投票给国有大股东后的效用，U_s^4 为小股东投票给境外战略投资者后的效用）。当小股东投票给境外战略投资者，$\alpha_1>\alpha_2$，小股东投票成本发生。国有大股东若要赢得控制权竞争胜利，小股东必须满足以下条件：

$$(\alpha_1-\alpha_2)\{\theta_2+h\sqrt{c_2}+[h+h_0(\alpha_1-\alpha^*)]\sqrt{c_1}-\gamma B_2\}\geqslant$$

$$(\alpha_1-\alpha_2)\{\theta_1+h\sqrt{c_2}+[h+h_0(\alpha_1-\alpha^*)]\sqrt{c_1}-\gamma B_1\}-k(\alpha_1-\alpha_2)^2$$

即：$B_1-B_2\geqslant\dfrac{\Delta\theta-k(\alpha_1-\alpha_2)}{\gamma}$

所以国内小股东的偏好如图 5-2 所示：

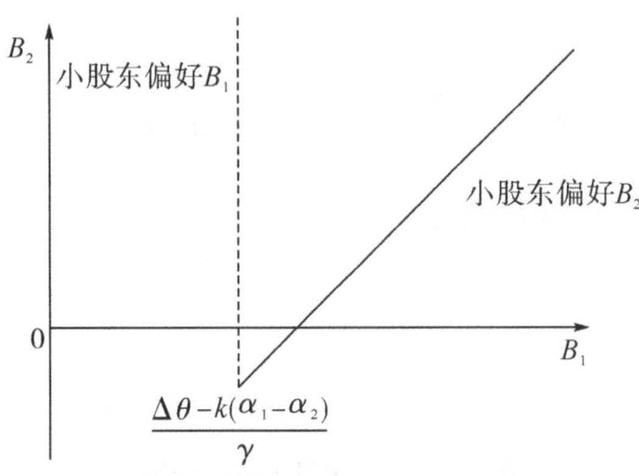

图 5-2　小股东偏好函数图

其经济含义为：当境外战略投资者与国有大股东的竞争力之差足够大的情况下，能战胜小股东因投票给境外战略投资者所遭受来自监管者的“经济制裁”成本；当境外战略投资者与国有大股东的竞争力之差足够大的情况下，能够战胜境外战略投资者获得控制权收益给银行造成的损失 rB_1 与国有大股东获得控制权收益给银行造成的损失 rB_2 之差时，即在小股东看来境外战略投者取得控制权后给银行带来的收益大于其给银行造成的损失的情况下，小股东就会选择与境外战略投资者站在同一战线。即当且仅当 $\gamma(B_1 - B_2) \leqslant \Delta\theta - k(a_1 - a_2)$ 时，小股东偏好效率股东——境外战略投资者。而当国有大股东偏好 B_1 时，小股东也偏好有效率股东，即境外战略投资者。

5.2.2.2　控制权竞争模型结论分析

结论一：当 $\alpha_1 > \alpha_2$，即境外战略投资者股份额大于国有大股东股份额，控制权竞争的唯一均衡解为境外战略投资者赢得控制权竞争，其控制权收益为：$B_1^* = \frac{\Delta\theta - k(\alpha_1 - \alpha_2)}{\gamma}$，国有大股东的控制权收益 $B_2^* = 0$。此时，具有较强竞争力的境外战略投资者与较弱竞争力的国有大股东控制权竞争的结果是，境外战略投资者获得控制权竞争的胜利。显然，控制权竞争的结果倾向于具有较强竞争力的境外战略投资者。

结论二：当 $\alpha_1 \leqslant \alpha_2$，即国有大股东比境外战略投资者具有更高的股份额，且 $(\alpha_2 - \alpha_1)k \leqslant \frac{\Delta\theta}{1 - \gamma\alpha_2}$，控制权竞争的唯一均衡解为境外战略投资者赢得控制

权竞争，并且获得控制权收益 $B_1^* = \frac{\Delta\theta + k(\alpha_2 - \alpha_1)(\gamma\alpha_2 - 1)}{\gamma}$；国有大股东获得控制权收益 $B_2^* = \alpha_2 k(\alpha_2 - \alpha_1)$。

此时，竞争力最强的境外战略投资者虽然拥有第二位的初始股权份额，在与第一大股东的持股差距不是很大的情况下，竞争力差异足够大，监管者对小股东的制裁较小时，其仍然赢得控制权竞争的胜利。控制权竞争的结果仍倾向于竞争力强的境外战略投资者。但是由于国有大股东是最大股东，境外战略投资者让渡部分控制权收益以赢得控制权竞争的胜利。

结论三：当 $\alpha_1 \leqslant \alpha_2$，即国有大股东比境外战略投资者拥有更高股权份额，且 $(\alpha_2 - \alpha_1)k \geqslant \frac{\Delta\theta}{1 - \gamma\alpha_2}$，控制权竞争的唯一均衡解为国有大股东赢得胜利，并获取控制权收益 $B_2^* = \frac{(\alpha_2 - \alpha_1)k - \Delta\theta}{\gamma}$；境外战略投资者控制权收益 $B_1^* = 0$。此时，由于持股差距较大，且监管者对小股东的制裁较大，竞争力差异不足以战胜制裁成本，境外战略投资者不能赢得控制权竞争的胜利。

5.2.3　模型结论的意义与扩展

5.2.3.1　对结论意义的解读

就目前中国国有商业银行股份制改革引进境外战略投资者来看，结论一的情形基本可以排除，即境外战略投资者股份额大于国有大股东股份额。只要制定相关政策来限定境外战略投资者的持股比例（如可以限定 $\alpha_1 \leqslant \alpha_2$），就能防止境外战略投资者获得控制权。当然，只有当国内资本市场发展到一定程度才可以逐步放开这一限制比例。政府干预市场规则必然伴随一些效率损失。因而，可以寻求一个保证 $\alpha_1 \leqslant \alpha_2$ 前提下的 α_2 最小值，这样既可促进股东多元化以提高竞争效率，又可节约国有资本。

结论二的情形，国有大股东虽然有持股优势，但由于竞争力不足，且监管者对小股东的“制裁成本”较小，从而导致控制力转移至境外战略投资者手中。但由于国有大股东是第一大股东，境外战略投资者由于股份比例较低，为了获得控制权，同意让渡部分控制权收益给国有大股东，国有大股东让渡控制权获得部分控制权收益，所以国有大股东仍能获得部分控制权收益。

因此，国有大股东要获取控制权竞争胜利，一方面，提升自身竞争力，这是根本策略，只有具备一定竞争力才可以真正与外资抗衡；另一方面，可以增加对小股东的监管力度，增加小股东投票给境外战略投资者的制裁成本，当成本达到一定程度，其收益不足弥补成本，自然境外战略投资者不可能获得小股东投票支持；此外，还可以加大国有大股东和境外战略投资者的持股差距，当持股差距大到一定程度，国有大股东就必然能够掌握控制权。

结论三的情形，由于监管者对小股东的监管力度较大，且竞争力差异不大。国有大股东虽然为第二大股东，仍得到小股东投票支持而赢得控制权竞争的胜利。因此，国有大股东应提升竞争力，积极借鉴西方成功的经营管理经验，结合自身情况，努力成为具有国际竞争力的实体。同时，监管力度足够大，也保证了小股东与国有大股东同一战线。控制权不会转移至境外战略投资者手中。引进境外战略投资者隐藏着控制权竞争，控制权竞争使国有股股东控制权收益减少。同时，境外战略投资者作为大股东参与控制权竞争，会产生一系列影响：如监督经理行为，对企业的绩效产生积极的监督效果，引进先进经营管理经验等。

5.2.3.2 引进境外投资者的影响分析：模型的扩展

境外战略投资者的引进对控股股东的控制权收益、国有大股东控制权收益有何影响？对银行价值有何影响？下面分三个方面将进行简要分析。

（1）对控股股东的控制权收益的影响。

按照之前假设，有两个参与控制权竞争大股东，一个为国有大股东，另一个为境外战略投资者。且假定国家作为初始出售者，出售给两大股东的总股票数额 $\bar{\alpha}$，为外生给定。用 $\alpha_2=\bar{\alpha}-\alpha_1$，代入结论一、二、三，可计算得到掌握控制权大股东的控制权收益（分别为情形 1、情形 2 与情形 3）

$$B_1(\alpha_1,\alpha_2)=$$

$$\begin{cases}\dfrac{\Delta\theta}{\gamma}+\dfrac{(2\alpha_1-\bar{\alpha})k}{1-\bar{\alpha}},\text{当 }\alpha_1\geqslant\dfrac{\bar{\alpha}}{2}\text{ 情形 1}\\[2ex] \dfrac{\Delta\theta}{\gamma}+\dfrac{(1-\gamma(\bar{\alpha}-\alpha_1))(2\alpha_1-\bar{\alpha})k}{\gamma(1-\bar{\alpha})},\text{当 }\alpha_1\leqslant\dfrac{\bar{\alpha}}{2},\text{且}(\bar{\alpha}-2\alpha_1)k\leqslant\dfrac{\Delta\theta}{1-\gamma(\bar{\alpha}-\alpha_1)}\text{ 情形 2}\\[2ex] \dfrac{(\bar{\alpha}-2\alpha_1)k}{\gamma}-\dfrac{\Delta\theta}{\gamma},\text{当 }\alpha_1\leqslant\dfrac{\bar{\alpha}}{2},\text{且}(\bar{\alpha}-2\alpha_1)k>\dfrac{\Delta\theta}{1-\gamma(\bar{\alpha}-\alpha_1)}\text{ 情形 3}\end{cases}$$

控股股东控制权收益如图 5－3 所示：

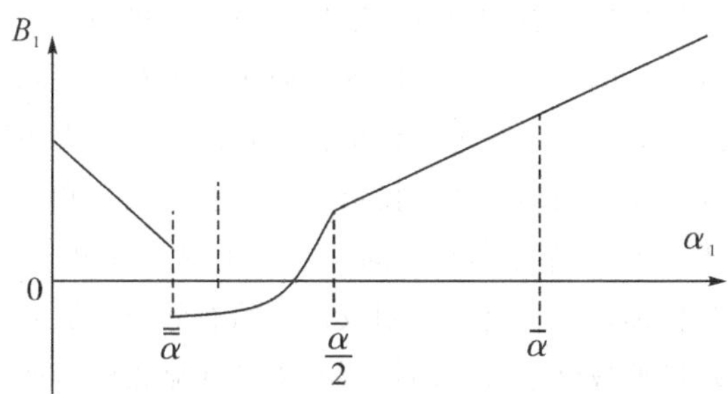

图 5－3　控股股东控制权收益图

由图 5－3 可以发现：当 $\alpha_1=\bar{\alpha}$ 或 $\alpha_1=0$，即当只有一个股东时，控股股东控制权收益最大。显然除 $\alpha_1=\bar{\alpha}$ 或 $\alpha_1=0$ 外，曲线中任一点（当两个股东的情形），控制权收益都有所减少。引进境外战略投资者的多元股东模式，显然降低了最大股东及控股股东的控制权收益。而根据等式（2）和等式（3），显然，控股股东控制权收益的减少，将使小股东的损失减少。境外战略投资者的引进，使国有股的政府行为倾向收敛，市场行为倾向加强，控制权收益因此减少。

结论四：境外战略投资者的引进，参与大股东控制权竞争，有助于减少最大股东的控制权收益。

（2）对国有大股东的控制权收益的影响。

由结论一、二、三，控制权收益的函数可知，随着境外战略投资者与国有大股东股权之间的差 $|\alpha_1-\alpha_2|$ 的减少，在情形 1 与情形 3 下，控制权收益均减少。在情形 2 下，最大股东取得控制权竞争的胜利，但是，其获得的控制权收益为 $\alpha_2 k(\alpha_2-\alpha_1)$，显然，随着 $(\alpha_2-\alpha_1)$ 的减少，则 B_2 也减少。

结论五：在境外战略投资者参与的股权制衡中，境外战略投资者与国有大股东股权份额差距越小，则国有大股东的控制权收益也越小。因此，在境外战略投资者参与的控制权竞争中，随着境外战略投资者持股份额的增加，其制衡大股东控制权收益的能力也越强。

（3）对银行价值的影响。

境外战略投资者的引进增加了银行整体价值。银行价值表示为：

$V=\theta_i+e+e_j-\gamma B_1$

显然，引进境外战略投资者，如结论四所论证，减少最大股东控制权收益 B_1 同时，增加一个股东，$e_1+e_2>e_i$（其中 i 为单一股东），股东多元化带来监督效用的提高，也提高了银行价值。

结论六：境外战略投资者的引进，增加了银行总价值。

境外战略投资者、国有大股东和国内小股东三类利益集团，由于各自属性不同，具有不同的偏好特性，行为目标也各不相同。但三类主体都追求银行价值最大化和控制权收益，当境外战略投资者、国有大股东和小股东三方股东的竞争力差异足够大，监管者对小股东的“经济制裁”力度不足时，无效率的股东即国有大股东将偏好于将公司控制权让渡给有效率大股东即境外战略投资者。当竞争力之差足够战胜小股东因投票给境外战略投资者所遭受的来自监管者对其实施的“经济制裁”成本时，小股东就会选择与境外战略投资者同一战线。总体而言，境外战略投资者的引进，参与大股东控制权竞争，有助于减少最大股东及控股股东的控制权收益，增加银行总价值。各类利益集团对银行控制权竞争的结果，并没有导致银行价值的急剧下跌，反而取得了多赢的局面。

5.3 国有银行股份制改革中利益集团的博弈机制：政治银行家模型

国有商业银行股份制改革还可以从另外一个视角来考察：职业银行家。职业银行家首先是银行股东的代理人，这是职业经理人的共性。但中国的职业银行家有着自己独特的性质，就是前文叙述的政治银行家的特性。中国的银行家除了具有经济利益之外，政治利益也是重要的目标。此处将职业银行家称为政治银行家，以反映其特殊的利益目标和利益结构。本书政治银行家模型包括三类利益集团、两个层面的利益博弈。首先是作为委托人的国有银行大股东和作为代理人的政治银行家之间基于委托代理关系的博弈，其次是政治银行家作为谈判者与拟入股国有银行的境外投资者的博弈。

5.3.1 利益集团的目标函数与约束条件

5.3.1.1 国有银行大股东的目标函数与约束条件

国有银行大股东与政治银行家存在委托代理关系，作为委托方，国有银行大股东的目标函数可以抽象为以下两部分：

（1）在银行运行的过程中，代理人即政治银行家为银行创造利润 X. 其中，利润 X 的大小与国有商业银行的治理结构有关，国有商业银行的治理结构是否变化取决于政治银行家的努力水平。委托方希望这利润这一部分越大越好，这需要政治银行家付出更多的努力水平。

努力水平（e）→国有商业银行的治理结构→银行的利润（X）

（2）与之相对应的是，国有银行大股东对政治银行家支付的工资 W（X）. 委托方希望对代理人支付的工资越少越好，但这依赖于政治银行家的保留效用。

国有银行大股东的目标函数可以简化为：$Max(X - W(X))$

大股东向政治银行家直接提供合约，合约的条款不经由双方的讨价还价。唯一提供给银行家的选择就是接受或者拒绝。但是需要说明的是，由于大股东的政府属性，他可以给予代理人一定的政治利益，例如升迁的机会、政治地位和个人声誉等，作为合约之外的一种隐性安排。但是，只有当委托人观察到代理人是努力工作的情况下，才可能给予其政治利益。

委托方在最大化自身的目标函数的过程中，它所面临的一个很强的约束条件主要取决于委托方支付给代理方工资所带来效用与代理人的保留效用的比较，即：

$U(W(X)) \geqslant V(e)$

$V(e)$为保留效用，即政治银行家不接受代理时拥有的效用。

5.3.1.2　政治银行家

作为委托代理关系中的代理人，政治银行家所面临的情况较为复杂，在选择合约时，他既可以选择接受，也可以选择拒绝。在接受合约后，他既可以选择高的努力状态，也可以选择低的努力状态。由于事件的结果好坏，不仅取决于努力水平，还取决于自然状态，努力水平与结果的好坏不是必然的联系。但是，高努力水平对应的好的结果的概率大于低努力水平对应的好的结果的概率，即出现同样好的结果时，$P^H > P^L$。

（1）合约的过程，如图 5－4 所示：

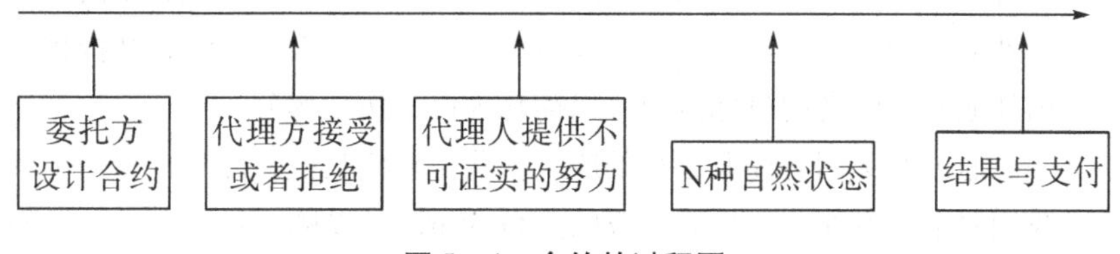

图 5－4　合约的过程图

第一步：国有商业银行大股东设计合约，大股东与政治银行家的工资协议写入合约；

第二步：政治银行家选择接受或者拒绝合约，这取决于其对合约中的工资水平所带来的效用水平与保留效用之间大小的比较；

第三步：代理人提供不可证实的努力，由于在代理人行使合约的过程中，他的努力水平是无法观测的，所以委托方要想使得代理人提供高的努力水平，委托方只能设计特定的合约形式；

第四步：合约在履行的过程中，国有商业银行的利润一方面受政治银行家努力水平因素的影响，另一方面还受到自然状态的干扰；

第五步：合约到期后，委托方与代理方得到各自的结果与支付。

在整个合约的过程中，政治银行家的行为都围绕着合约的形式而变化，不同的合约形式决定了政治银行家是提供高努力水平还是低努力水平。

（2）政治银行家的目标函数。

政治银行家的目标函数主要可以抽象为以下两部分：其一，合约中规定的工资所带来的正的效用 $U(W)$，其中，W 并不一定是固定工资，它仅代表的是一个工资水平，W 的大小与形式决定了政治银行家的行为。其二，代理人的努力给自身所带来的负的效用 $V(e)$。政治银行家越努力，自身所带来的负效用即成本就越大。其三，合约之外的政治收益，是政治银行家十分关注的一个利益因素，这部分收益难以度量，也无法写入委托代理合约。但是政治利益确实存在，它使得银行家可能在接受较低工资水平的合约下，还能保持较高的努力水平。如果忽略政治利益，有时候就很难解释政治银行家的行为。但为了使模型简化，本书在分析大股东与政治银行家之间的委托代理关系时，不直接将政治利益纳入模型，但是在解释异常均衡解时，将政治利益因素纳入进来。

目标函数可以简化为：$\mathrm{Max}(U(W)-V(e))$

政治银行家所面临的约束条件为：在所提供的工资水平下，所带来的效用大于保留效用，即：$U(W(X))\geqslant V(e)$

5.3.1.3 境外战略投资者

当国有银行大股东决定引入国外战略投资者时，作为代理人，政治银行家将会与国外战略投资者博弈，一旦达成协议，国有商业银行的治理结构将得到改变。国外战略投资者的目标函数可以简化为以下两个部分：

其一，通过购买国有商业银行的股权，获得差价收益，同时拥有一定的所有权。我们假定通过谈判，最后每股的定价为 p，可以购买的数量为 q。而当协议成立后，国有商业银行每股的市场价值为 P，则国外战略投资者所获得的收益为 $(P-p)q$。

其二，国有商业银行引入国外战略投资者的目的就在改变治理结构，提高管理水平，从而提高赢利能力。输出国有商业银行所需要的经验和管理水平等，对于国外战略投资者来说是损失，假定损失为K。

则国外战略投资者的目标函数为：$Max[(P-p)q-K]$

国外战略投资者不可以任意地购买国有商业银行的股份数量，由于考虑到金融安全方面的因素，政府不允许国外战略投资者获得国有商业银行的控制权。假定获得国有商业银行控制权的股份数量为Q，国外战略投资者的约束条件是：$q<Q$。

5.3.2 利益集团的行为分析

国有银行大股东与政治银行家之间是委托代理关系，本书通过构建模型，分析大股东与政治银行家之间所签订合约的缺陷。

大股东作为委托方希望政治银行家能够提供高努力的水平，我们可以假定：

$\pi(e_H)>\pi(e_L)$，前者$\pi(e_H)$是代理人在高努力水平下给银行带来的利润，后者$\pi(e_L)$为代理人在低努力水平下给银行带来的利润。在给定努力水平下，我们可以假定存在两种自然状态：1，2。状态1对应的是好的结果，状态2对应的是坏的结果。每种努力水平对应两种自然状态，但概率的分布有所不同。假定：$P_1^H>P_2^H$，高努力水平下产生好的结果的概率大于低努力水平下产生好的结果的概率；$P_2^L>P_1^L$，低努力水平下产生坏的结果的概率大于低努力水平下产生好的结果的概率。

5.3.2.1 大股东的目标函数

从国有商业银行的目标函数出发，我们对国有商业银行的目标函数进行分解和解读：

目标函数为：$Max(X-W(X))$.

上式可以等价为：$P_1^H(X_1-W(X_1))+P_2^H(X_2-W(X_2))$.

其中，P_1^H，P_2^H表示的是代理人在行使合约的过程中采用高努力状态的概率大小。

X_1表示自然状态1下，好的结果给委托方所带来的利润水平。

X_2表示自然状态2下，坏的结果给委托方所带来的利润水平。

$W(X_1)$，$W(X_2)$表示在合约中所规定的工资制度下，政治银行家采用高努力水平时两种自然状态下的利润对应函数。

5.3.2.2 大股东的约束条件

第一个约束条件：我们称之为个体理性约束。

$$P_1^HU(W(X_1))+P_2^HU(W(X_2))-V(e_H)>U$$

其中，P_1^H，P_2^H 表示的是政治银行家在行使合约的过程中采用高努力状态的概率大小。

$U(W(X_1))$表示的是在合约下，政治银行家对自然状态 1 下获得工资 W 的效用评价。

$U(W(X_2))$表示的是在合约下，政治银行家对自然状态 2 下获得工资 W 的效用评价。

$V(e_H)$表示的是，在高努力水平下，努力给政治银行家自身所带来的效用，在前面加上负号，表示越多努力给代理人带来的负效用越大。

U 表示的是保留效用。

第二个约束条件：我们称之为激励相容约束。

$$P_1^H U(W(X_1)) + P_2^H U(W(X_2)) - V(e_H)$$

$$> P_1^L U(W(X_1)) + P_2^L U(W(X_2)) - V(e_L)$$

其中，上式的左边表示的是高努力状态下，政治银行家从合约中的工资获得的效用与努力的负效用的差额。

上式的右边表示的是低努力状态下，代理人从合约中的工资获得的效用与努力的负效用的差额。这一假定基于：代理人选择的行动正好是委托人希望的行为。在现实情况下，政治银行家所表现出的是一种高的努力状态，他们热衷于推进银行改革，尤其是对引进国外战略投资者这一决策倾入大量的精力。从这个意义上说，激励相容约束是比较符合现实情况的假定。

5.3.2.3 国有商业银行与政治银行家之间的委托—代理关系分析

（1）根据上述的目标函数与约束条件，建立拉格朗日函数：

$$L = P_1^H(X_1 - W(X_1)) + P_2^H(X_2 - W(X_2)) + \lambda[P_1^H U(W(X_1)) + P_2^H U(W(X_2)) - V(e_H) - U] + \upsilon[P_1^H U(W(X_1)) + P_2^H U(W(X_2)) - P_1^L U(W(X_1)) - P_2^L U(W(X_2)) - V(e_H) + V(e_L)]$$

将上式简化为：

$$L(\{W(X_i)\},\lambda,\upsilon) = \sum_{i=1}^{n} P_i^H(X_i - W(X_i)) + \lambda[\sum_{i=1}^{n} P_i^H U(W(X_i)) - V(e_H) - U] + \upsilon[\sum_{i=1}^{n}(P_i^H - P_i^L) U(W(X_i)) - V(e_H) + V(e_L)]$$

其中，λ，υ 为参数。

经推导可得到：$\frac{1}{U'(W(X_i))} = \lambda + \upsilon(1 - \frac{P_i^L}{P_i^H})$，$i = 1,2$

(2) 最优合约形式的含义：

上述模型的结果显示最优合约为：$\frac{1}{U'(W(X_i))}=\lambda+\upsilon(1-\frac{P_i^L}{P_i^H})$，工资水平受$\frac{P_i^L}{P_i^H}$的影响。

最优合约可以从以下三个角度理解：其一，若$\upsilon=0$，可以得到固定工资合约W^*，此时，$W^*=W(X_1)=W(X_2)$。很容易推导出：$V(e_L)>V(e_H)$，这与前提假设$V(e_H)>V(e_L)$矛盾。在这种情况下，固定工资制度是不成立的。但是，在现实中政治银行家采用固定工资合约是很常见的，而且也未必固定工资合约就导致银行家努力程度不足，可见假设$V(e_H)>V(e_L)$存在一定的问题，问题恰好就在于忽略了银行家的政治利益。如果考虑政治利益T，则可能有$V'(e_H)=V(e_H)-T<V(e_L)$，因为政治利益只能在银行家付出高努力水平时才能获得。因此，高努力状态下不但可以获得工资收益，还可以获得隐性的政治利益，那么$V(e_H)$负效用就会被抵消许多。也正是因为存在政治利益作为补偿，即使面对的是委托人固定工资的合约，银行政治家也可以付出很高的努力水平。其二，当$\upsilon>0$时，采用状态依赖工资。政治银行家的工资$W(X_i)$不再固定，它依赖于状态X_i，$W(X_i)$为合约的形式，工资根据结果的情况而确定。$\frac{P_i^L}{P_i^H}$依赖于状态，它表示结果X_i的传递水平为e_H的准确度，其值越小，P_i^H相对于P_i^L越大，从而传递努力的信号e_H就越强。其三，当$\frac{P_i^L}{P_i^H}$的值越小，$W(X_i)$的值就越大。由于合约的结果X_i是可以观测的，所以从X_i的大小可以观测到e_H的准确度，从而确定工资水平。同时，$\frac{P_i^L}{P_i^H}$的值越小，e_L的概率越小，政治银行家越努力。

总之，国有商业大股东通过两种方式在委托代理关系中施加激励，使得政治银行家选择付出较高的努力水平e_H。其一是通过状态信号$\frac{P_i^L}{P_i^H}$来传递代理人努力的程度，从而给予与其努力程度相适应的工资合约；其二是给予银行家固定工资合约，但赋予银行家隐性的政治利益，从而使得银行家代理人保持高水平的努力状态。由于传递努力状态的信号不容易，要为此而建立动态的薪金制度实际上是十分困难的，所以现实中的政治银行家通常接受固定薪金合约，而以获得政治利益作为补偿。

5.3.3 政治银行家与国外战略投资者之间的博弈分析

博弈分为合作博弈与非合作博弈，主要区别就在于人们的行为相互作用时，能否达成一个具有约束力的协议。政治银行家与国外战略投资者之间通过多次谈判最终达成一个协议，将双方的利益写入合约之中，并以此作为约束。故政治银行家与国外战略投资者之间的动态博弈是合作博弈。

5.3.3.1 基本假设

（1）假设博弈的行为主体是政治银行家与国外战略投资者，两者均以实现自身利益最大化为目标，参与各方策略的选择依赖于交易双方对自身净收益的评价。对于政治银行家而言，成功引进境外战略投资者，可以获取较大的政治利益。

（2）这个博弈过程可以划分为三阶段完全信息的动态博弈，政治银行家与国外战略投资者的行为均是可以观察到的。第一个阶段，政治银行家作为国有银行大股东的代理人选择支持引入或反对引入国外战略投资者的行为；第二个阶段，在政治银行家选择支持引入国外战略投资者的条件下，国外战略投资者可以选择进入或者拒绝进入中国；第三个阶段，如果国外战略投资者选择进入时，政治银行家可以选择串谋或者拒绝串谋。

（3）用 $A_i(i=1,2,3,4)$ 来表示政治银行家获得的收益，$B_i(i=1,2,3,4)$ 表示国外战略投资者获得的收益。

（4）在第三阶段，监管的成本很高。

博弈过程如图 5-4 所示：

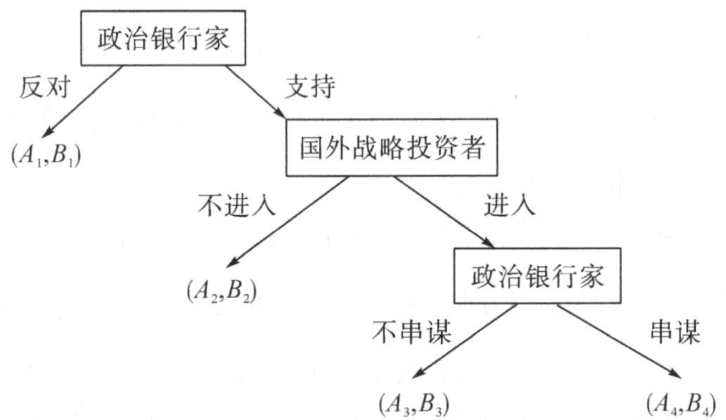

图 5-4 政治银行家与国外战略投资者的博弈

5.3.2.2 博弈过程解释

（1）政治银行家若在第一阶段选择反对国外战略投资者进入，则国外战略投资者会放弃收购国有商业银行股权的计划，博弈过程结束。政治银行家的收益保持在合约中的原有的固定工资水平上，$A_1 = W$。而国外战略投资者的收益 $B_1 = 0$。但一旦引进国外战略投资者后，政治银行家的政治利益会体现出来，潜在的政治利益将会驱动政治银行家支持引入国外战略投资者这种行为将博弈推进到第二阶段。

（2）在第二阶段，当政治银行家选择支持引入国外战略投资者这一策略，则国外战略投资者有两种选择：可以选择不进入中国市场，此时的结果为政治银行家的收益保持在合约中的原有的固定工资水平上，$A_2 = W$，国外战略投资者获得的收益 $B_2 = 0$；国外战略投资者也可以选择进入市场，银行业在中国的垄断地位，巨大的存贷利率差，遍布全国的网点，使得收购国有商业银行的股权具有相当大的吸引力，博弈进入到第三阶段。

（3）在第三阶段，当国外战略投资者决定收购国有商业银行股权，政治银行家与国外战略投资者之间围绕国有商业银行股权的定价问题展开博弈：

①若博弈双方不串谋，这时存在两种可能性：谈判成功与谈判破裂。若谈判结果达成一致，则政治银行家获得委托人合约中的固定工资（W），加上政治利益（T）。国外战略投资者得到的收益是 $B_3 = [(P - p)q - K]$；谈判结果若无法达成一致，政治银行家获得委托人合约中的固定工资（W），如果其他国有商业银行成功引入战略投资者，可能会有政治上的损失，而国外战略投资者获得的收益为0。

②若政治银行家与国外战略投资者串谋，谈判结果很容易达成一致。则政治银行家获得委托人合约中的固定工资（W），加上政治利益 T，再加上一部分或有收益，当然，这一部分或有收益是有违规风险的。国外战略投资者得到的收益是 $B_4 = (P - p')q - K$，其中 $p' < p$，很显然，$B_4 > B_3$。

5.3.2.3 政治银行家与国外战略投资者的博弈策略的应用分析

（1）政治银行家的策略选择。

由于我国国有商业银行的高管在与委托方签订合约时，合约的形式主要是固定工资制。治银行家的利益主要由两部分构成，与委托方签订的合约中所规定的收益与其自身的政治利益。前者是从货币收益的角度来看，后者是从政治收益的视角入手。货币收益中，除了合约中规定的收益，一旦政治银行家与国外战略投资者进行串谋，可能还会通过地下交易给自身增加货币收益，这一部分收益要承受被监管到的风险。在我国，由于制度上的不透明，政治银行家与国外战略投资者是否串谋很难被观测到。而政治收益在本阶段取决于政治银行家与国外战略投资者关于股权价格谈判的结果，如果谈判失败，政治银行家的政治收益不但无法获得，可能还会影响到政治前途，只有谈判成功，才能获得更大的政治收益。政治银行家与国外战略投资者谈判的核心就在于股权的价格。所以为了实现自身的经济收益与政治收益，政治银行家在与国外战略投资者的谈判中，有倾向促使谈判成功，这就有可能导致国有股权的贱卖。事实上，价格低于公众的预期，主要受我国政治体制和金融市场发育程度的制约，即所谓制度性折扣。而且，协议中关于股权的定价能否通过，还需要监管部门的批准。

（2）国外战略投资者的策略选择。

国外战略投资者是纯粹的赢利性机构，有着很成熟的定价机制。只要中国国有商业银行向国外战略投资者提供进入的机会，他们的理性选择一定是先进入，在与政治银行家的谈判过程中，选择合适的价位，一旦定价超过他们的最高报价，他们就会放弃收购。他们所看重的是国有银行具有明显优势的金融市场地位、庞大的分销网络、雄厚的客户资源、发展潜力巨大的国内市场等。他们对中国国有商业银行的报价尽量打压，强化不良贷款率等指标，淡化国有商业银行的赢利能力，压低国有商业银行的报价，从而获得巨额收益。国外战略投资者考虑到中国政府出于金融安全角度的考虑，不会在控制权上进行让步，利用控制权问题再进一步打压每股价格。国外战略投资者的目标很单一，只追求经济利益，与其展开博弈的政治银行家则不同。一旦谈判失败，政治银行家要承受很大的压力，尤其是引入国外战略投资者已经成为主流方式时，政治收益的考虑将会为国外战略投资者创造机会。所以，国外战略投资者在谈判的过程中，具有很大的优势。

（3）政治银行家与国外战略投资者的博弈均衡。

国有商业银行股份制改革主要就是改善治理结构和经营机制，引入国外成熟的战略投资者是值得肯定的选择。通过与其结盟，引入先进的技术与管理经验，提高管理水平和经营绩效。所以，博弈中的政治银行家目标是多重的，而境外战略投资者的性质则不同，他看重的是中国国有商业银行巨大的网点数量，中国银行业的垄断地位，通过改变治理机构后创造巨大利润的潜力。他们只关注经济收益，目标函数较为单一。在这样的背景条件下，博弈双方为了同时实现自身利益的最大化，通过博弈分析，我们发现：对于政治银行家而言，A_4 最大，对于国外战略投资者来说，B_4 最大，故最后的均衡解很有可能是在串谋下实现。这个均衡解存在的前提是监管成本太高，串谋被监测到的概率很小，而且实际上也很难仅仅从事后去判断，例如银行股是否贱卖等。

6 利益集团的协调与金融和谐发展

前面章节着重分析了利益集团的作用机制，其实质是探讨利益集团如何发挥作用，如果说前面的分析属于实证分析（数理逻辑实证）的话，那么本章进行的是规范分析，着力对利益集团作用的效果和性质作价值判断。只有对一个事物作出了客观的价值判断，我们才能在主观上作出是支持还是反对、是鼓励还是抑制的决定，并以此为基础形成我们的行动。本章第一节分析利益集团作用的效应，第二节分析利益集团的利益协调机制，第三节探讨如何通过利益集团的协调来促进金融和谐发展。

6.1 利益集团的作用效应评价

利益集团首先是政治学和社会学的范畴，因此，我们可以对它作伦理价值上的判断。这个价值包括两个部分，一是对利益集团的存在性的价值判断，二是对利益集团行为结果的价值判断。因此，本节内容我们正是从利益集团的行为结果，或者说是作用效应的角度进行分析评价。

6.1.1 利益集团作用的正面效应

（1）利益集团参与政治和公共决策，增加了决策的层次性，有利于兼顾各方利益，促进政府决策的科学性。

公共决策往往涉及各种不同甚至冲突的利益，政策制定者应该倾听多方面的声音，兼顾多方面的利益。一般民众的利益诉求存在分散、模糊和情绪化等缺点，而利益集团具有将这种意见和要求变为集中、明确和理性的意见，能够代表普通民众向政府有效表达利益要求。利益集团参政，突破了让所有公民以个人身份参与和决策的传统民主观念，增加了决策层次，增加了一种分权制衡机制，实现了社会权力对国家权力的分割与制衡。同时也扩大公民的参政范围，形成了经过整合后公民权利对强大国家权力的消解，实现多元化社会权力对国家权力的分享和制衡。法国思想家托克维尔在《论美国的民主》以书中述及："再没有比社会民主的国家更需要用结社自由去防止政党专制和大人物专权了，……结社自由已成为反对多数专制的一项必要措施"①。

（2）利益集团之间的竞争有利于在多元化利益集团之间形成平衡，并在平衡的基础上对政府及其决策活动构成社会制约。

任何一项政策的出台都是多个利益集团之间相互竞争的结果。贝克尔（1983）指出，像企业间的竞争会增进市场效率一样，利益集团的竞争也会增进政府的工作效率。利益多元化和不同利益的冲突，使得各个利益集团之间、利益集团与政府决策者之间始终存在着矛盾和斗争，只有通过协商、谈判的方式来协调和妥协，实现各种力量的利益均衡和利益平衡点。多元主义集团政治理论认为，集团压力是社会系统最终均衡的唯一决定因素，而且这种集团均衡一般是公正的、合适的。

（3）利益集团是一种有效的利益表达和综合机制，广泛吸收民意可以促进民主进程，加快公民社会形成。

康芒斯认为组织利益集团的自由的重要性远甚于其他任何民主自由，他主张由每一个利益集团直接选举代表，选出的代表构成为国家的有效立法机构。他相信经济利益集团比那些以地域代表性为基础的立法机构更能代表人民。利益集团可以把民众分散的各类资源聚合起来，形成统一的资源，以便与其他利益集团抗衡，甚至可以与政府权威抗衡。多元、独立、强大的利益集团为寻求政策目标，对政府施加压力和影响，形成社会权力对政府权力的制衡，使得权力从中央政府向外扩散，助长民主习惯和文明社会的形成。

（4）利益集团能起到缓解社会冲突的作用，可以将非法的、抗议性的利益表达转化为合法的、建设性的利益表达。

各利益主体在参与政治、市场与公民社会的各类活动中程中，往往由于争夺利益而发生冲突，如果不能及时恰当地处理，就可能出现对抗性冲突。如果各利益主体能通过集团的方式，运用合法的渠道和程序来表达其特定的利益诉求，就不会走向行贿、对抗乃至暴力等非法或非理性方式。利益集团为政府和民众的中介，可以利用有利的双向沟通地位，缩短两者之间的距离，减少彼此间的隔阂，有效地实现政府与社会利益主体之间的沟通，其效果优于两者直接

---

① 托克维尔. 论美国的民主. 董果良，译. 北京：商务印书馆，1988：217－218.

沟通。利益集团作为一种社会缓冲器或弹性机制，能够协商各方进行对话，缓解矛盾、缓冲对抗，一定程度上能化解非法的、对抗性的利益表达，有利于社会稳定。

（5）利益集团具有较强的理性、较强的谈判能力和协调能力，以利益集团作为决策单位可以提高市场有效性和社会理性。

之所以各个行业要组织行业协会，之所以证券市场要大力发展机构投资者，这与利益集团理性化的决策优势是有关的。由于利益集团能够对多元化、分散化、异质化的利益诉求进行一定程度的整合，为政府决策提供更有效的信息，减少政府收集信息的成本，因而也提高了政府的决策效率。

6.1.2 利益集团作用的负面效应

（1）利益集团的活动会损害国家利益和公共利益。

利益集团通常只会为争取狭隘的集团利益而行动，而不愿意为整个社会的公共利益和国家利益承担责任。前述麦迪逊对利益集团的定义，“为某种共同的感情或利益所驱使而联合起来的一定数量的公民，不论他们占全部公民的多数或少数，而他们的利益是同其他公民的权利或社会的长远的和总的利益相左的”，直接体现了他对利益集团的看法是负面的。在我国，一些与政治权力结合起来的强势利益集团，特别是垄断行业利益集团，其供应政策和价格政策有可能损害整个地区的广大消费和公众的利益，损害社会正义，影响社会稳定。

（2）利益集团的非均衡性加剧了社会的不平等。

由于强势利益集团在政治决策中处于有利地位，拥有较多发言权，因而改革以及制度变迁会沿着他们的意向和目标挺进，而弱势利益集团明显处于不利地位，结果会进一步加剧贫富分化和社会冲突。按照精英主义集团政治理论，政治权力被分散到许多实力相当的多元权力中心，利益集团并不能把广泛的不同意见和不同利益全部纳入民主进程之中。只有那些享有特殊权力的利益集团，即体制内利益集团才能与政府保持磋商，体制外的利益集团的作用和影响力就大打折扣，使得民主被称为少数人的民主。代表弱势群体的利益集团影响力明显缺失，影响社会公平。

（3）利益集团的强大可能会削弱政府权威，影响政府决策效率。

众多利益集团的活动促使国家政治权力的分散，有时会使得政府在利益冲突剧烈的领域陷入决策窘境，政府迫于利益集团的压力，往往左右为难，以至于政府权威下降，决策效率降低。一些力量强大、资源雄厚、组织良好的利益集团，在很大程度上操控了地方政府的决策，使地方政府决策的公正性和合理性受到质疑，削弱了政府应该具备的公正形象和权威。

（4）利益集团寻租活动会导致腐败甚至严重的腐败。

利益集团为了达到自己的利益目标，采用行贿、政治献金和捐赠等手段拉拢腐蚀政府官员。一些利益集团则利用其强大的权力资源，进行“权力寻租”和“钱权交易”，这是目前“集体腐败”或“组织性腐败”的根源。这种情况极大地败坏了社会风气，破坏了党风廉政建设，更使政策和法律得不到有效执行，干扰了社会和经济发展进程。

上面的分析让我们看到，对利益集团作用效应存在完全相反的对立评价，而且每一种评价都有充分的理由，因此对利益集团的价值评判必须依赖于具体的过程。如果强势利益集团的功能是用于慈善事业或知识传播，那么它在伦理价值上具有正当性，如果其集团行动是掠夺其他群体的利益，则具有非正当性；如果弱势利益集团经常发生群体性暴力活动，影响社会稳定和他人安全，那么它也具有非正当性。因此，我们认为，从本源上看，利益集团无所谓好坏，其形成是人类天性、利益分化、阶层聚合的自然结果，是人们的自发选择，具有伦理上的正当性。无论是强势利益集团还是弱势利益集团，在存在问题上具备同等的正当性。比如一个穷人家的孩子通过读书成长为知识精英，从弱势群体跳进了强势群体，这个变化并不说明守弱或趋强哪个选择更具正当性。由此，我们要做的就是如何限制利益集团活动的负面效应，激励其正面效应的发挥。

6.2 利益集团的协调机制

利益集团本身无所谓好坏，主要看它发挥怎样的作用。前面章节已经讨论了利益集团的利益表达机制、利益博弈机制，本节主要分析利益集团的利益协调机制，并以此为基础，探讨金融领域的和谐发展问题。

6.2.1 三类协调机制的特点

6.2.1.1 协调的状态与协调的原则

协调是一种不容易度量和把握的状态，是一种“各尽其能，各得其所”的状态，也就是每个利益主体合理定位、发挥自己的能力（或尽自己职责）、获得应有的回报，这就是利益协调的状态。如果哪个利益主体超越自己的权限去行为，或者是侵害其他利益主体的利益，或者是应该作为却不去作为，都属于利益没有协调好的状态。

利益协调的原则可以概括为：①以人为本的原则。人的需要是利益的归属。利益冲突因利益主体而起，利益协调也将因利益主体而止，利益协调的结果最终会影响到某些具体的人身上。以人为本的原则是指：其一，彼此承认尊重对方独立的合法利益；其二，维护处于弱势的个体的利益。②求同存异的原则。求同是协调的基础，存异是协调的对象。求同是找出不同利益集团之间利益共性的一面，寻求协商和合作的基础；存异是认识利益差别并寻求共存的途径，利益差异有时候反而有降低冲突的可能，存在不同利益目标利益集团也许更容易合作。③统筹兼顾的原则。这个原则就是要求对各种利益集团的利益的性质、影响大小等有全面的考虑和认识。要考虑当前利益与长远利益、局部利益与整体利益的统筹，对不同利益集团，例如强势利益集团和弱势利益集团的平衡。统筹兼顾并不是说所有的利益都要保护，即便维护各方利益，也不是说必须同等程度地去维护。

6.2.1.2　三类协调机制的特点

利益集团的协调机制包括三种类型：政府与利益集团的协调；利益集团之间的协调；利益集团与个体（包括内部成员）的协调。三类利益协调机制具有如下特点：

政府与利益集团之间的协调是公权与私权之间利益关系的协调，这种协调在某些过程里表现出一定的强制性特征，两者之间的利益协调，主要由政府来调整，虽然利益集团也可以施加较大的影响。

利益集团之间的协调是纯粹私权之间利益关系的协调，由于是集团对集团，因此具备较强的平等性特征，但是在强势利益集团与弱势利益集团、既得利益集团与潜在利益集团、特殊利益集团与公共利益集团之间，也还是存在一定的不平等性。集团之间利益关系的协调是以实力为基础、以尊重彼此合法利益为前提的竞争博弈。

利益集团与利益个体的协调，也是私权之间利益关系的协调，由于是团体对个人，具备较强的不平等性。集团成员内部成员的利益协调，是按集团内部规则进行的，利益集团与外部利益主体的利益协调主要依靠协商或法律来调整。

由于三类利益协调机制具有不同的特征和利益协调模式，而后两种即利益集团之间的协调、利益集团与个体（包括内部成员）的协调，具有太强的个性特点，没有制度性设计的内容，因此本节不具体考察这两种利益协调机制的具体内容，实际上它们也没有固定的具体内容，每一个利益协调个案都是一个具体过程，都有自己的特点和内容。下面只分析政府与利益集团之间的利益协调机制。

6.2.2 政府与利益集团之间的协调

各国政府对利益集团的态度也有所不同。美国和英国是高度多元化的国家，对利益集团及其参政行为持接受和认可的态度，认为对政府游说是健康民主体制的正常功能。法国对利益集团持否定的态度更多些，利益集团被视为企图损害国家利益的别有用心的组织。因为法国集成了几百年的中央集权的父权主义政府，法国人习惯于听从政府的指令。卢梭在法国人思想领域中占有重要地位，他认为不能让“部分人的意识”来玷污和扭曲“公共意志”，因此法国官僚体系的精英们很少关注利益集团，认为它们是不公正不客观的组织。

政府与利益集团之间的协调表现在以下几个方面：

（1）政府要建立制度化、程序化、公开化的利益表达机制和决策参与机制，将利益集团纳入正常的法制轨道，提高政治民主化和法制化程度，为利益集团的利益诉求和社会利益平衡提供公正的环境。在我国特殊的政治经济体制下，要积极引导利益集团与人大、政协等政治机制的合作，实现利益集团向体制内转化的重要措施。人大作为代议制机关本身就是利益表达渠道，将利益集团的利益表达与人大工作结合，可以为利益集团利益表达提供制度化的渠道；政协本身的“界别”组织形式，更符合利益集团的需要。

（2）为利益集团提供制度平台，使各类利益主体能够在体制内形成有组织的利益集团，同时使现有的利益集团显性化，使得各类利益集团在交易中能对彼此行为形成稳定的预期，在体制内通过相互竞争来相互协调和相互约束。同时应在各类利益主体充分表达利益诉求的基础上，制定合理公正的社会经济政策，推进政治民主进程，整合不同利益主体的利益要求。例如 1995 年 12 月 19 日美国国会通过了《院外活动公开法》，该法扩大了游说者的范围，同时也增加了要求游说者报告开支和收入、与游说有关的准备活动等情况；被游说机构从国会和国会议员扩大到国会和行政部门的所有官员；为了防止违法行为上升，对已经违法的游说者给予警告和 60 天答复期，逾期才启动司法程序；对游说者登记注册作了更为详尽的规定。

（3）政府必须超越利益集团之争，处于相对超然的状态。政府本身不应该是市场过程中的利益集团，一旦它作为利益集团参与利益争夺，凭借其公共权力优势，很难有其他利益集团能与之竞争。各利益集团的地位是平等的，竞争是公平的，其结果取决于利益集团的能力，以及集团利益与公共利益的协调性。

（4）如同法律存在对弱势群体的救济一样，政府也必须担负起维护公共利益、保障社会公平的职责。因此，在一些实际的决策过程，可以一定程度上区别对待各种利益集团，例如适当抑制强势利益集团、支持弱势利益集团。这样作为并不违背公平公正原则，因为两个实力悬殊的利益集团的竞争规则原本就有不公平因素，必须适当进行调整。再如取缔和打击非法利益集团，保护合法的另一集团；考虑特殊利益集团的利益，也要照顾公共利益主体的利益；尊重既得利益集团的利益，也要考虑潜在利益集团的处境。

总之，在利益集团博弈过程中，政府将发挥重要的作用。一方面政府的作用是超脱的，它仅仅是制定规则，维护公平，守护公共利益，避免发生制度外的冲突，把握制度的变革和适应性。另一方面政府要适当照顾弱势群体的合法利益，防止强势群体过度侵害弱势群体的利益。在自然状态下，强势群体和弱势群体很难达到合适的均衡状态，很可能会出现强者恒强、弱者恒若的状态，贫富分化和强弱对立会越来越严重。弱势群体掌握的资源相对贫乏，自身又存在多种局限，加上人数众多，分散且缺少联系，组织的成本较高，具有很强的组织外部性。弱势群体缺乏内在的自组织力量，靠其自身很难聚合成能表达成员共同利益、对外界施加影响的利益集团，被排除在社会利益博弈机制之外。但是正如拉詹和津加莱斯（2004）所说，“要减少利益集团成功的机会，并不是扩大政府的权力，反而是限制其采取破坏经济效率的干预活动的能力，因为这样的干预往往是为少数人服务，牺牲大多数公民利益”①。

6.3 利益集团协调与金融和谐发展

6.3.1 中国金融改革

前面章节对中国证券市场和国有银行的制度改革进行了初步的回顾和分析，但并没有对中国金融改革进行一个总体性的探讨。中国金融改革根植于中国特有的社会结构和政治体制，在经济体制转轨的特殊背景之下逐步推进，具有很强的特殊性和艰巨性。

6.3.1.1 中国金融改革的特点

金融改革与经济改革有相似的地方，也有特别之处。对三十年来金融改革

① 拉古拉迈·拉詹，路易吉·津加莱斯. 从资本家手中拯救资本主义. 余江，译. 北京：中信出版社，2004：229.

历程，不同学者有不同的看法。我们的初步认识是[①]：①金融改革开放的进程是循序渐进的。与“摸着石头过河”的经济改革一样，金融改革也是渐进式改革。其好处是可以平稳推进，社会动荡小。其不足之处在于，如果一直缺乏整体的改革战略或思路，渐进的改革道路容易遇到阻碍而动摇甚至停滞，往往要付出额外的成本。②改革的动力主要来自上面，而不是下面。政府主导的改革避免不了“长官意志”，按照新制度经济学的观点，自上而下的强制性制度变迁效率较高，自下而上的诱致性制度变迁效果较好。对于影响众多利益主体的制度改革而言，“快”不如“好”重要。③金融改革侧重于机构调整。机构是功能的载体，随着社会分工的精化，需要独立的机构发挥各自的功能，从这个意义上说机构调整和增设机构是必要的。但每一个机构都有相应的权责利，伴随着机构调整和增设机构的是权责利的重新分配，在权责利分配中会有摩擦。从这个意义上看，这样的改革是提高了效率，还是降低了效率，还不好评说。④金融改革主要沿着强化宏观调控的思路行事，而较少地考虑如何调动下层的积极性。这反映出改革依然偏向于权力的集中，而不是分散。在幅员辽阔人口众多、社会经济差距较大的中国，在层次较多的行政体制下，改革中一定程度强化集权，有其必要。但集中以后在行为措施上，往往“一刀切”、“齐步走”，不承认差别或忽视差别，结果导致“苦乐不均”、“事倍功半”，影响了改革的效果。⑤金融改革更多的是从供给方面进行，忽略了社会公众对改革的需求。由于缺乏细致的调查研究，倾听各方面的利益呼声，一些改革措施是在办公室里想出来的。虽然某些想法初衷还是好的，想借鉴别人的经验和做法来满足公众需要，但对公众的需求不甚了解，怎样满足需要也未想周全。这样的改革，名义上是改了，实际上未改，表面上是前进了，实际上停滞不前，理论上是进步了，实际上是退步。

6.3.1.2 中国金融改革的目标

十七大报告提出我国金融体制改革的总体目标：“推进金融体制改革，发展各类金融市场，形成多种所有制和多种经营形式、结构合理、功能完善、高效安全的现代金融体系”。这段话的内容丰富而深刻，其核心思想是适应金融业发展的世界潮流，推动金融业的多元化建设和协调发展。

我国经济体制改革的目标是建立社会主义市场经济制度，那么金融改革的目标要不要定位为“市场化”呢？什么是真正的“市场化”呢？在现实经济生活中不存在没有政府调控的纯粹的市场，市场本身也需要维护。抛开抽象的

---

① 曾康霖．金融改革的回顾与评析．金融研究，2008（4）．

“市场化”不论，我们认为“市场化”的前提应当是市场主体的确立和市场环境的培育。这也就是说金融改革的目标要“市场化”，必须首先建立市场主体，培育市场环境，而市场主体的建立必须打造真正的金融企业。一个金融机构是否是真正的金融企业，必须是经济法人而且要有素质较高的企业家。因为，市场经济制度的要义，就是要使市场在国家宏观调控下对资源配置起基础性作用，换句话说，就是要以市场为基础配置资源，而以市场为基础配置资源，离不开各类金融企业家。如果金融机构不是真正的金融企业，管理层又不是企业家，则即使把金融改革的目标确立为“市场化”，也无法实现市场化。至于改变市场环境则主要在于法制，法制的内容不仅要约束社会公众，而且要约束从业人员和管理层。总之，金融改革目标的确立，先要打造市场主体和培育市场环境。

6.3.1.3 中国金融改革的环境

金融改革不能忽略了环境的制约和影响。就从国内环境而言，我国地广、物博、人多，经济发展不平衡，文化背景在地区之间存在差异。在这种环境下，金融改革必须多元的、有差别地推进金融业的发展。而金融业的多元、有差别地发展，不仅是融通资金，还要为社会公众、企业和政府提供金融服务，特别是要注意扶持弱势群体。在这里要强调的是：在现阶段，金融改革推动金融业的发展要着力扶持中小企业。不论发达国家，还是发展中国家，中小企业总是绝大多数（在企业总数中占有99%以上）。中小企业是社会就业的命脉，这种状况表明：社会发展与金融定位密切相关。所以，社会进步——社会稳定——增加就业——支持中小企业、个体经济的发展，是社会发展与金融定位所不可回避的主题。所以，融资、服务、扶弱三者兼顾是相当长时期里我国金融改革推动金融业发展的重要内容。

就国际环境而言，金融业之间的竞争、合作、相互渗透，转嫁风险是当代金融领域中的主流。在这种环境下，金融改革必须抓住机遇并迎接挑战。抓住机遇就是要走出去，迎接挑战就是要防范金融风险。所以，提高信誉，增大实力，开拓创新，三者兼顾又是相当长时期中，我国金融改革推动金融业发展的重要内容。

6.3.1.4 中国金融改革的实质：利益关系权衡

改革是社会利益关系的调整，金融改革实际上就是金融制度改革，制度改革中的最基本的层次是体制改革。体制问题实际上是一个治理结构问题。一个家庭有自己的治理结构，一个企业有自己的治理结构，一个地区有自己的治理结构，一个国家也应有自己的治理结构。治理结构怎么安排，即体制怎么建立，需要考虑的是维护什么利益。是维护少数人的利益，还是维护多数人的利益；是维护暂时的、局部的利益，还是维护长远的、整体的利益。体制安排实际上就是在维护何种利益之间的权衡。

体制的生命力在于代表社会公众的利益。一般说来，政府应代表社会公众利益，因而体制安排要维护广大社会公众利益。但不可否认，一些地方政府在一些时候并不完全代表社会公众利益，而是代表某些利益集团或特定地区的利益。在这种情况下，体制的生命力就要受到挑战，也许原有的体制能继续勉强维持，但由于利益冲击，逼着必须改革。一种体制好不好，要看多数人的利益是否得到维护。但体制是少数人推动的，这样便带来一个问题：由少数人推动的体制能维护多数人的利益吗？于是社会学、经济学中就提出了一个监督问题，监督涉及内外、涉及相互间的制衡。所以体制就在相互制衡中推行和发展。从这个意义上说，金融改革就是把国家金融领域的治理结构安排好，而安排好的着力点在于各类利益主体的相互制衡。

6.3.2 金融业利益关系特性分析

金融业主要与金钱打交道，其行业特性往往被认为是“以钱为本”而不是“以人为本”，是“嫌贫爱富”而不是“扶贫济困”，是“锦上添花”而不是“雪中送炭”。虽然这些带有明显负面价值判断的评价有失偏颇，但我们也应该清醒地认识到，这里面蕴含了金融业“天然”的行业特性，值得我们深思。下面运用金融政治经济学的分析视角来考察金融业特殊的“不和谐”的利益关系。然后在此基础上，探讨如何通过利益集团的协调，来促进金融和谐发展。

（1）金融业本身的利益关系以信用为基础，但作为一种平衡，在实际运作中则更强调“以物为本”，而不是“以人为本”。金融业是生产和交易虚拟产品的行业，与以实物交易为基础的实体经济不同，实物交易本身就有一种自我抵押的价值基础。因此，金融业的这一行业特性决定了它必须将自己的资产与某种实物性的东西挂钩，这就解释了为什么银行更偏向抵押贷款、给富人贷款（重点在“富”，而不在“人”）、给大企业贷款等等，因为这样建立的利益关系才更有基础，能让客户有信心，自己也放心。这是从金融政治经济学中非正式制度因素的角度的分析，其结果是导致了金融业存在更依赖和更偏向于强势利益集团的利益特性。

（2）金融资产的虚拟特性使得投资者保护存在天然的缺陷，法律制度的短缺形成了金融活动中的弱势利益集团。由于金融资产不具备任何自然的使用价值，其价值唯一的来源是未来的预期现金流，因而天然地缺乏一种客观的共识性的价值基础。虽然有各种各样的金融资产定价模型，但是这些定价模型本身也是各执一词，结论更可能是千差万别。因此，投资保护就天然地缺乏一种基础。正如本书第四章所述：中小投资者在中国证券市场上承受着远远超过其投资收益的投资风险，而且这种风险与收益的不对称不但长期存在，且被“投资者风险自担”一句话消解了其经济上的不合理性和伦理上的非正当性。由于金融资产虚拟性给投资者带来了天然缺陷，作为一种自然法意义上的平衡，必然要求法律制度给予投资者更完善的救济，否则，就认为造成了金融资产交易中的不公正，人为制造了金融领域中的弱势群体。这是从金融政治经济学中法律制度的角度的分析，其结果是导致了金融业天然地存在制造弱势利益集团的利益特性。

（3）由于金融业的核心地位和它能提供公共产品的经济特征，政府对金融业的控制比一般行业要强得多。这个特征意味着金融业发展受政府的影响相对比较大，金融业的利益与政府有着密切关系。这种利益关系可能会增加金融业的总体价值，例如在银行上市、银行买地和给银行家非常高的政治社会地位等方面，政府都是比较慷慨的，但这种利益关系也可能会降低金融业的总体价值，例如政府干预银行贷款、干预银行人事安排等。这是从金融政治经济学中政府的角度的分析，其结论是金融业具有极度依赖政府的既得利益集团的利益特性。

（4）金融业的垄断特征导致其自身可能成为具有特殊利益的垄断利益集团。由于金融业行业经营许可证带来的特许权价值，使得金融业具有较强的垄断行业特征，具有垄断行业特有的能获得超额收益的利益关系。这是从金融政治经济学中禀赋的角度的分析，其结论是金融业具有垄断利益集团的利益特性。

上面对金融业利益关系特性的分析，揭示出金融行业具有的一些利益集团特征，金融机构本身具有既得利益集团和垄断利益集团的特征，其经营过程中具有偏向强势利益集团和忽视弱势利益集团的特征。虽然这是行业特性本身蕴含的利益关系，但它表明在金融领域中各种利益集团的利益关系的协调性还很不够，因此，需要通过金融制度的进一步改革，来建立一个各类利益集团协调发展、和谐共存的金融体系，建立一个新型的、和谐地关照各个阶层和群体的金融体系。

6.3.3 以利益集团协调促进金融和谐发展

由于前面分析的金融业存在的利益关系特征，是金融业内生出来的，换言之，这些状况是金融业本身无法控制的，所以还是要从金融政治经济学视角来分析，如何利用政府、法律、非正式制度等方面的力量，来改善金融行业的利益集团非协调发展状态，而不是强行要求金融业自身来解决这些它自身无法控制的利益关系。

（1）重新构建金融活动中的利益关系基础。除了行业本身具有的信用基础和资本金基础外，还需要引入其他的价值基础。如果把价值基础视为是一种资本的话，那么可以参照社会学家观点，为金融业建立一个包含经济资本、文化资本和社会资本的综合价值体系，作为经营虚拟产品的金融业的价值基础。金融业原本具有的信用基础属于社会资本，金融机构的资本金属于经济资本。在丰富的金融实践中，我们要为金融业寻找更多值得信赖的价值基础，包括国家权威、法律制度、习俗、人缘、利益集团和网络联系等等。只有这样，才能从根本上摆脱金融业对强势利益集团的依赖和对弱势利益集团的轻视的不协调的利益关系。

（2）改善法律制度环境，提高对投资者的保护力度，特别是股票投资者、基金投资者、理财产品投资者和存款人的利益，建立投资者保护基金、信托人保护机制和存款保险制度。防止缺乏信托责任的上市公司股东、基金经理、理财经理等对投资者利益的侵害。建立举证责任倒置的辩方举证制度，保护处于弱势状态的投资者；建立完善集体诉讼的证券司法制度，保护处于分散的个体状态的投资者的合法权益。

（3）相对于政府，金融机构应该强化自身作为一个具有独立利益的利益集团的地位，避免政府的干扰，避免承担过多的社会责任，维护自己独立合法的集团利益，追求股东利益最大化。要做到这一点，并不是金融机构自身就能完成的，政府方面也需要完成相应的转变。首先政府应该转变职能，逐步放弃干预经济具体过程的陋习；其次促进社会三元结构的成型。只有真正形成国家、市场和公民社会这平等的三元社会结构，才能让金融机构从对政府的强依赖下解脱出来，消弭其自身带有的既得利益集团的色彩。

（4）相对于社会和其他利益集团，金融机构不应该过分强调其垄断地位。因为金融业实质不过是一种社会中介组织，只是因为其组织资源的能力特别强大，才会被赋予特别重要的地位。应该承认，金融确实是现代经济的核心，但是这种重要性不能成为攫取垄断收益的借口。因此，我们可以选择的是建立更开放的金融环境，建立更富有竞争性的金融结构，例如鼓励民间资本进入金融业，开放外资金融机构进入中国等，让金融机构减少其垄断利益集团的利益特性。

参考文献

［1］曼瑟尔·奥尔森．集体行动的逻辑．陈郁，等，译．上海：上海三联书店，上海人民出版社，1995.

［2］拉古拉迈·拉詹，路易吉·津加莱斯．从资本家手中拯救资本主义．余江，译．北京：中信出版社，2004.

［3］科斯，阿尔钦，诺斯．财产权益与制度变迁．上海：上海三联书店，上海人民出版社，1994.

［4］G. M. 格罗斯曼，E. 赫尔普曼．利益集团与贸易政策．北京：中国人民大学出版社，2005.

［5］易宪容．金融政治经济学的新理论．财政金融，2003.

［6］刘霞．金融政治经济学的新视野．当代经济科学，2003（11）.

［7］张杰．中国金融制度的结构与变迁．太原：山西经济出版社，1998.

［8］陆学艺．当代中国社会阶层研究报告．北京：中国社会科学文献出版社，2002.

［9］盛洪．现代制度经济学．北京：北京大学出版社，2003.

［10］唐寿宁．个人选择与投资秩序．北京：中国社会科学出版社，1999.

［11］罗金生．利益集团与制度变迁：渐进转轨中的中小银行．北京：中国金融出版社，2003.

［12］王伟光．利益论．北京：人民出版社，2001.

［13］曾康霖．金融改革的回顾与评析．金融研究，2008（4）.

［14］陈野华，卓贤．中国渐进改革成本与国有银行财务重组．经济研究，2006（3）.

［15］孙立平．改革前后中国国家、民间统治精英及民众间互动关系的演变．中国社会科学季刊，1993（6）.

［16］曾康霖．对国有商业银行股改引进外资的几点认识．财经科学，

2006 (1).

[17] 曾康霖. 按现代企业制度建立商业银行. 金融研究, 1998 (2).

[18] 曾康霖. 试论当代金融学科发展及与其他学科的交叉融合. 金融研究, 2005 (10).

[19] 张杰. 究竟是什么决定一国银行制度的选择. 金融研究, 2005 (9).

[20] 张杰. 注资与国有银行改革: 一个金融政治经济学的视角. 经济研究, 2004 (6).

[21] 张宇燕. 利益集团与制度非中性. 改革, 1994 (2).

[22] 罗金生. 金融制度渐进变迁中的“政治银行家”. 经济社会体制比较, 2002 (4): 93 - 94.

[23] 陆磊. 信息结构、利益集团与公共政策: 当前金融监管制度选择中的理论问题. 经济研究, 2000 (12).

[24] 陆磊, 李世宏. 中央—地方—国有银行—公众博弈: 国有独资商业银行改革的基本逻辑. 经济研究, 2004 (10).

[25] 张跃文. 中国金融制度变迁中的利益集团活动. 中国城市经济, 2005 (5).

[26] 谢平, 陆磊. 利益共同体的胁迫与共谋行为: 论金融监管腐败的一般性特征与部门特征. 金融研究, 2003 (7).

[27] 谭融. 美国的利益集团政治理论综述. 天津大学学报: 社会科学版, 2001 (3).

[28] 刘彦昌. 聚焦中国的既得利益集团. 北京: 中共中央党校出版社, 2007.

[29] Allen, F. and D. Gale, 孙广振, 张宇燕. 利益集团与“贾谊定理”: 一个初步分析框架. 经济研究, 1997 (6).

[30] 盛洪. 制度经济学在中国的兴起. 管理世界, 2002 (6).

[31] 胡汝银. 中国改革的政治经济学. 经济发展研究, 1992 (4).

[32] 樊纲. 两种改革成本与两种改革方式. 经济研究, 1993 (1).

[33] 杨瑞龙. 我国制度变迁方式转换的三阶段论. 经济研究, 1998 (1).

[34] 江曙霞, 代涛. 法与金融学研究文献综述及其对中国的启示. 财经科学, 2007 (5).

[35] 江春, 许立成. 金融发展的政治经济学. 财经问题研究, 2007

(8).

[36] 黄少安. 制度变迁主体角色转换假说及其对中国经济制度变革的解释. 经济研究，1999 (1).

[37] 皖河. 利益集团、改革路径与合法性问题. 战略与管理，2002 (2)：2.

[38] 张驰，杨帆. 利益集团理论研究. 学习与实践，2007 (8)：82.

[39] 林波. 论中国金融制度变迁中的国家模型与效用函数. 金融研究，2000 (12).

[40] 段银弟. 论中国金融制度变迁的效用函数. 金融研究，2003 (12)：91.

[41] 吴长煜. 我国证券市场新股发行定价方法演变及评述. 辽宁大学学报：哲学社会科学版，2004 (5).

[42] 王家清. 利益集团理论综述. 金融经济，2007 (12).

[43] 魏灿秋. 动态博弈原理在新股发行中的应用. 财经科学，1997 (6).

[44] 蒋美云. 股票发行监管的博弈分析和发行审核制度的选择. 商业经济与管理，2006 (6).

[45] 叶德磊. 隐性担保、市场博弈与创新需求的满足：一个关于中国股市的分析框架. 财经科学，2006 (7).

[46] 纪玉山，张跃文. 中国金融制度变迁滞后性的利益集团因素. 新经济杂志，2005 (2).

[47] 孙景宇. 利益集团与制度变迁. 江苏社会科学，2007 (4).

[48] 赖勤学. 利益集团与中国股市改革的路径依赖. 龙岩师专学报，2005 (1).

[49] 1995, “A welfare comparison of intermediaries and financial markets in Germany and the U. S. ”, European Economics Review 39：179 -209.

[50] Ang, J, andRoe, M. (1999), Finance and Politics：Special Interst-Group Influence during the Nationalization and privatization of Conrail, Florida State University, unpublished manuscript, May

[51] Beslaey, T, andCase, A. (2000), Unnatural Experiments：Estimating the Incidence of Endogenous Policies, The Economic Journal, 110：672 -694.

[52] Carlin, W, and Mayer, C. Finance, Invesment and Growth , CERP discussion paper No. 2233. 1999, September.

[53] Drazen, A. Political Economy in Macroeconomics , Princeton, NJ,

Princeston University Press, 2000.

[54] Glaeson, E, Johnson, S, and Shleifer, A. Coase versersus the Coasians, Quarterly Journal of economics, 2001.

[55] Hansmann, H, H, andKraakman, R. The end of history for Corporate law, Working Paper NYU school of Law, 2000.

[56] Lamoreaux, N, and Rosenthal, J. -L. 'Organizational Choice and Economic Development: A Comparison of France and the United States during the Mid-nineteenth Century', paper presented at the CEPR/CEMFI Workshop 'Understanding Financial Architecture: Corporate Governance', Madrid, 2001, 26-27 Ocotober.

[57] LaPorta, R., Lopez-de-Silanes, F., Shleifer, A., and Vishny, R. 'Legal Determinants of External Finance'. Journal of finance, 1997, 52 (3). 1131-1150.

[58] Ljungqvist, A. P., Jenkinson, T, J., and Wilhelm, W. J., Jr. 'Global Integration in Primary Equity Markets: The Role of US Banks and US Investors', Review of Financial Studies, forthcoming, 2001.

[59] Manove, M., Padilla, A. J., and Pagano, M. 'Collateral versus Project Screening: A Model of Lazy Banks', RAND Journal of Economics, forthcoming, 2001.

[60] Megginson, W. L., and Netter, J. 'From State to Market: A Survey of Empirical Studies on Privatization', Journal of Economic Literature, 2001, 39 (2), 321-389.

[61] Pagano, M., and Volpin, P. F. 'The Political Economy of Corporate Governance', CSEF Working Paper NO. 29, www. dise. unisa. it/WP/wp29. pdf, and CEPR Discussion Paper No. 2682, www. cepr. org/pubs/dps/DP2682. asp, 2000.

[62] Perotti, E. 'Credible Privatization', American Economic Review, 1995, 85 (4): 847-859.

[63] Rajan, R. G. and Zingales, L. 'Financial Dependence and Growth', American Economic Review, 1998, 88, 559-587.

[64] Roe, M. Strong Managers and Weak Owners: The Political Roots of American Corporate Finance, Princeon, NJ, Princeton University Press, 1994.

[65] Tirole, J. 'Corporate Governance', Econometrica, 2001, 69 (1):

1 -35.

[66] Acemoglu, D., S. Johnson, J. Robinson. "The Colonial Origins of Comparative Development: A Empirical Investigation", American Economic Review, 2000, 91: 1369 -1401.

[67] Beck, T., A. Demirguc - Kunt, R. Levine. "A New Database On Financial Development and Structure", World Bank Economic Review, 14, 2000: 597 -605.

[68] "Law, Politics and Finance", World Bank Working Paper2585. 2001.

[69] Beck, T., R. Levine. "New Firm Formation and Industry Growth: Does Having a Market - or Bank - Based System Matter?", World Bank Policy Research Working Paper, 2000.

[70] Bencivenga, V. and B. Smith. "Financial Intermediation and Endogenous Growth", Review of Economic Studies, 1991, 58 (2): 195 -209.

[71] Bencivenga, V., B. Smith and R. Starr. "Transactions Costs, Technological Choice, and Endogenous Growth", Journal of Economic Theory, 1995, 67 (1): 153 -177.

[72] Bhide, A. "The Hidden Cost of Stock Market Liquidity", Journal of Financial Economics, 1993, 34 (1): 31 -51.

[73] Boyreau - Debray, G. "Financial Intermediation and Growth: Chinese Style", World Bank Working Paper3027, 2003.

[74] Claessens, S. and L. Laeven. "Financial Development, Property Rights, and Growth", World Bank Working Paper, 2002.

[75] Dencirgue - Kunt , A., V. Maksimovic. "Law, Finance, and Firm Growth", Journal of Finance, 1998, 53 (6): 2107 -2137.

后　记

本书是根据我的博士毕业论文修订而成的。“利益集团”这个选题的思路来源于2004年西南财大科研处组织的一次社科基金课题申报的讨论会，我当时拟申报的题目是“资本市场发展中基础性制度建设研究——金融政治经济学视角的分析”。幸运的是，我恰好和我的导师曾康霖教授在一个小组。他给我提了许多建设性意见，对选题的思路甚至如何措辞也给予了具体的指导。我受到了极大的鼓舞，趁机提出博士论文选题也想从这个角度切入。此后经过与导师的多次交流，逐步确定了运用金融政治经济学的分析框架，从利益集团的视角研究中国金融改革问题的基本思路。

论文研究思路确定之后，实际的研究过程充满了困难和挑战。由于金融政治经济学是跨学科的新兴金融学科，因此即便在西方发达国家，目前这方面的研究也还不够成熟。利益集团既是一个复杂的多学科概念，更是一个敏感的社会话题。经济学关于利益集团的研究比较晚，而且范围也比较窄，一般是用经济方法研究利益集团在政治过程或公共决策过程中的作用，换言之，不过是用经济学方法去研究政治问题而已。从经济学或金融学本身的需要来研究利益集团的并不多见。加之利益集团在利益分化、社会阶层矛盾加深的当前中国社会是一个较为敏感的话题，所以研究起来有很大的难度。

本书主要采用数理模型进行逻辑实证研究，这是不得已而为之的选择。因为经验实证分析需要大量的数据，而利益集团是否存在、社会认同度如何还无定论，因此关于利益集团的数据极难获得，并且目前对于利益集团也没有很好的经验方法来测度其作用效果，一般是采用行业集中度来反映利益集团的影响力大小，显然有失偏颇。

应该说，本书还有诸多不足和一些值得深入研究的地方。即便是当前的框架之下，亦可再趋完善。但学海无涯，理性无疆，许多问题就留待以后再进一步研究吧。

本书的完成很大程度上得益于我的导师曾康霖教授的提点和鼓励，在此谨向尊敬的导师表达深深的谢意。曾康霖教授作为一位金融学界的大师，对我这样一个普通的学生倾注了无数的心血。恩师对我的关心和栽培是全方位的，在学习、工作和生活的各个方面让我如沐春风。老师治学严谨，勤奋敏思，“心执后辈无倦意，夜深此处有书香”，在潜移默化中给予我许多思想的启迪和做人的道理。同时，感谢导师以自己深刻独到的见解为本书代序。

在此，还要感谢陈野华教授、殷孟波教授、刘锡良教授、杨晓维教授、高晋康教授，感谢他们给我的帮助和鼓励，他们的智慧和学识，让我受益匪浅。感谢金融学院老师们长期以来对我的关心和爱护，这个宽松友爱的集体是我的精神家园。感谢何泽荣教授、张合金教授、潘青木教授、张桥云教授、陈永生教授、曾志耕教授、赵静梅教授、解川波教授、张静琦教授、李燕君教授、冯新力书记、胡舒副书记，他们给了我很多关怀和鼓励。

感谢我的师兄弟们，没有你们的支持、及时的提醒，我可能还在延续压抑的生活。感谢身边的王晋忠、翟立宏、欧阳勇、曾志远和贺国生等同事，感谢远方的甘煜、千山、蒙宇、高宇辉、徐良平、刘玉平等朋友，认识你们是我的幸运。感谢陈建新、程建胜、咸适这些同级师兄妹，我们一起共同度过了难忘、难熬但回想起来却是那么美好的日子。还要感谢我的师弟师妹们，赵立新、李京阳、乔海曙、刘楹、程婧、丘乔虹、王于栋、许国星、石琴等，他们总是对我充满信心。感谢官学清师兄和韩宝兴师兄一直以来的关照。

感谢我的学生们，跟他们的交流，是我生命中最重要的部分之一。他们的热情和才华感染了我，我的生命因为他们而更富有意义。最后当然要感谢我的妻子和女儿，在我写作论文和完成此书而不能顾家的日子里，她们毫无怨言，一直在默默地支持我。

值得一提的是，博士论文完成的准确时间是在 2008 年 5 月 12 日下午。在那场震撼全国人民的大灾难中，在周围到处都是慌乱人群的环境中，我坐在震荡不已的草地上完成了论文。在此也向那场地震灾难中遇难的同胞表示深深的哀悼！重生的感觉让我更懂得珍惜和感恩。要感谢的人还有很多，难以一一言表。感谢的话总有结束的时候，感恩的心却不会穷尽。唯有不懈努力和快乐生活，才不负生命之中如此厚重的恩泽。